Dieses Buch
ist für unsere Kinder
Elli, Klara und Carl

Und für Sarah und Vera, ohne die es uns gastronomisch sehr sicher nicht gäbe.
Die beiden haben unsere Restaurants aufgebaut und geführt
und wir sind bis heute freundschaftlich und beruflich fest verbunden.
Danke.

IMPRESSUM

**Bibliografische Information
der Deutschen Nationalbibliothek**
Die Deutsche Nationalbibliothek
verzeichnet diese Publikation in der
Deutschen Nationalbibliografie;
detaillierte bibliografische Daten
sind im Internet über
http://dnb.d-nb.de abrufbar.

© 2020 Emons Verlag GmbH
Alle Rechte vorbehalten

Texte und Rezepte:
Reja & Daniel Rabe
Fotos:
Kay-Uwe Fischer,
Eduard Bopp
Satz und Gestaltung:
Luana Kliesen & Anna Beils,
KoKollektiv GbR, Siegburg
Umschlaggestaltung:
Luana Kliesen & Anna Beils,
KoKollektiv GbR, Siegburg

Druck und Bindung:
BALTO print, Litauen
Printed in the EU

ISBN 978-3-7408-1012-2

MIX
Papier aus verantwor-
tungsvollen Quellen
FSC® C107574

FSC
www.fsc.org

Unser Newsletter informiert Sie
regelmäßig über Neues von emons:
Kostenlos bestellen unter
www.emons-verlag.de

BAGATELLE
Schank- & Speisewirtschaft

Vegetarisch

Soupe au potiron	6/7
Tomaten-Bohnen-Salat	8/9
Gratinierter Ziegenkäse	10/11
Auberginenröllchen	12/13
Tarte provençale	16/17
Quenelles de baguettes	18/19
Rote-Beete-Carpaccio	20/21
Ratatouille gratinee	24/25
Gebackener Camembert	26/27

Fisch

Bouillabaise	28/29
Lachsforellen-Tatar	30/31
Salade niçoise	36/37
Gebratene Jakobsmuscheln	40/41
Spinat-Lachs-Röllchen	42/43
Bretonische Fischfrikadellen	44/45
Filet von der Rotbarbe	48/49
Moules frites	50/51
Frittierte Sardellen	54/55
Escargots à l'alsacienne	56/57

Fleisch

Boudin noir	58/59
Cassoulet	60/61
Lamm-Hackbällchen	64/65
Lammkoteletts	66/67
Blanquette de veau	68/69
Boeuf bourguignon	70/71
Coq au vin	74/75

Saucen & Dips

Vinaigrette	20
Knoblauch-Püree	64
Aioli	86/87
Sauce rouille (Safran-Mayonnaise)	95
Tomatensugo	88
Honig-Limonen-Sauce	30
Tomaten-Pistou	92
Basilikum-Pistou	92/93
Thymian-Walnuss-Pesto	41
Getrocknete Tomaten in Öl	93
Oliven in Kräuter-Zitronen-Öl	94
Oliven-Tapenade	94
Thunfisch-Sardellen-Mousse	33

Dessert

Karamellparfait	78/79
Saiduls Mousse au chocolat	80/81
Tarte aux prunes	82/83
Crème brûlée	84/85

Eingekocht

Orangen-Chili-Marmelade	10
Preiselbeer-Marmelade	26
Apfel-Schalotten-Relish	58/59
Confit von roter Zwiebel	91

Gastraum in der Südstadt

www.bagatelle.koeln

Unser Lieblingsort

Savoir-vivre Südstadt-Style

Immer trubelig

Die Geschichte

DIE BAGATELLE - WIE ALLES BEGANN

Über Umwege wurden wir angesprochen, ob wir uns vorstellen könnten, das Lokal an der Teutoburger Straße/Ecke Alteburger Straße zu betreiben. Schon immer war es unser Traumobjekt, im Herzen der Südstadt, wunderschön gelegen und mit großer Terrasse vor dem Haus. Ein Altbau mit Charme. Wir mussten nicht lange überlegen, allerdings etwas verhandeln und dann sagten wir sehr glücklich zu. Kurz zuvor waren wir auf Elba – dort lag ein kleines Holzschiff namens MS Bagatelle. Wir gingen vorbei und sagten: »Bagatelle wäre ein schöner Name für ein Restaurant.« Das fiel uns wieder ein und wir spielten mit dem Begriff. Wir überlegten, was uns am Essen selber am meisten Spaß macht, wir erinnerten uns an diverse Aufenthalte in Frankreich, speziell in Marseille, Nizza und der Provence. Oft wurde irgendetwas auf den Tisch gestellt: Oliven, Pissaladière, Gemüse verschiedenster Art, Öl, Salz, Käse, Schinken und Wurst. Es wurde geteilt, dazu getrunken und es wirkte unbeschwert. Dazu das Wort Bagatelle als kleines Delikt, als kleine Portion und geboren war unsere konzeptionelle Idee.

Jetzt musste es schnell gehen, eine Speisekarte schreiben, die gut umzusetzen war, Möbel finden im französischen Stil, sich mit dem Getränkehändler einigen, Sion Kölsch verhindern und irgendwie ein Layout und eigenen Stil finden. Manches fiel uns zu, wie der Look des Luftpost-Umschlages, den wir auf einem Plakat an der Zülpicher Straße gesehen und für gut befunden haben. Manches, wie die Bestellkarten mit Nummern, ist auf Ideen unseres Freundes Jochen zurückzuführen. Er hat so manchen guten Einfall gehabt.

Mit Freunden und kreativen Bekannten haben wir uns dann vor der Eröffnung ein Wochenende in ein Haus vor den Toren Kölns zurückgezogen, dort gab es den Feinschliff und kurz nach Karneval 2015 konnten wir die Bagatelle in der Südstadt eröffnen. Unser »Stammhaus«, welches es hoffentlich auch immer bleiben wird …

BAGATELLE
Schank- & Speisewirtschaft

Soupe au potiron

KÜRBISSÜPPCHEN

(FÜR 6 BIS 8 SÜPPCHEN ODER 4 BIS 6 SUPPEN)

MIS EN PLACE:

- 1 kg Hokaidokürbis
- 1 große Gemüsezwiebel
- 1 Karotte
- ½ Knolle Sellerie

- 1 EL Honig
- 1 EL Zucker
- 2 cm frischer Ingwer
- 150 ml Weißwein
- 1 l Wasser oder Gemüsebrühe

- 200 ml Orangensaft
- 500 ml Sahne oder 300 ml Kokosmilch
- Salz, Peffer
- Kürbiskernöl zum Garnieren

PRÉPARATION:

01 Hokaidokürbis entkernen und mit der Schale in ca. 1 cm große Würfel schneiden oder raspeln.

02 Zwiebeln, Karotten und Sellerie schälen und in 1 cm große Würfel schneiden.

03 Das gewürfelte Gemüse mit etwas neutralem Öl in einen großen Topf geben und anbraten.

04 Kürbiswürfel dazugeben und ebenfalls anbraten.

05 Sobald das Gemüse eine leichte Bräune bekommt, den Honig, Zucker und Ingwer hinzufügen und leicht karamellisieren lassen. Anschließend mit dem Weißwein ablöschen.

06 Wasser oder Brühe sowie den Orangensaft hinzugeben und mit Deckel etwa ½ Stunde köcheln lassen.

07 Den Topf vom Herd nehmen, die Sahne hinzufügen und mit dem Pürierstab pürieren.

08 Die Suppe noch mal kurz aufkochen und mit Salz und Pfeffer abschmecken.

09 Sollte die Suppe zu dickflüssig sein, mit Wasser oder Brühe verdünnen.

10 Mit etwas Kürbiskernöl verfeinern und garnieren.

Tomaten-Bohnen-Salat

PIKANTER SALAT-MIX

(FÜR 4 BIS 6 PORTIONEN)

MIS EN PLACE:

- 200 g grüne Bohnen (frisch oder TK)
- 400 g Gigantes – dicke weiße Bohnen (Dose)
- 500 g Kirschtomaten

- 2 rote Zwiebeln
- 1 Stiel frischer Thymian
- 3 EL Olivenöl
- Zucker
- 3 EL Tomatenmark
- 50 ml Weißwein

- 100 ml Vinaigrette (Rezept Seite 20)
- 2-3 EL Sambal Oelek (alternativ Tabasco)
- 100 ml Tomaten-Rosmarin-Sauce (Rezept Seite 88)
- 1 Bund glatte Petersilie
- Salz, Pfeffer

PRÉPARATION:

01 Die grünen Bohnen in reichlich Salzwasser 4 Minuten kochen. Die Bohnen sollten noch knackig sein!

02 Gigantes abgießen. Tomaten halbieren. Zwiebeln in feine Streifen schneiden. Thymianblätter vom Stiel zupfen.

03 Olivenöl in einer Pfanne erhitzen. Zwiebeln im Öl kurz glasig anbraten. Zucker kurz mit den Zwiebeln karamellisieren.

04 Tomatenmark und Thymian hinzugeben und alles gut vermengen. Mit Weißwein ablöschen.

05 Tomaten in der Zwiebel-Weißwein-Marinade schwenken.

06 Die Vinaigrette mit dem Sambal Oelek und der Tomaten-Rosmarin-Sauce vermischen.

07 Die gekochten grünen Bohnen einmal in der Mitte halbieren

und zusammen mit den weißen Bohnen in die Tomaten-Vinaigrette geben.

08 Die marinierten Tomaten dazugeben und alles mit der gehackten Petersilie vorsichtig durchmischen.

09 Kräftig mit Salz und Pfeffer abschmecken.

10 Vor dem Servieren mit etwas Olivenöl beträufeln.

Orangen-Chili-Marmelade

MIS EN PLACE:

- 1 kg Orangen
- 5 Chilischoten frisch oder getrocknet
- 1 Paket Gelierzucker 1:2

PRÉPARATION:

01 Die Orangen schälen, dabei die weiße Haut mit entfernen. Die Orangen filetieren und die Filets in kleine Stücke schneiden.

02 Ein Kilogramm Fruchtfleisch abwiegen.

03 Die Chilis in kleine Stücke schneiden und je nach Geschmack hinzufügen.

04 Dann mit dem Gelierzucker vermischen und ein Weilchen durchziehen lassen, ca. eine Stunde.

05 Danach aufkochen und 3 bis 4 Minuten sprudelnd kochen lassen. Eventuell eine Gelierprobe machen. Heiß in Gläser füllen, 5 Minuten auf den Kopf stellen, danach umdrehen und abkühlen lassen.

Gratinierter Ziegenkäse

MIT ORANGEN-CHILI-MARMELADE

(FÜR 4 PORTIONEN)

MIS EN PLACE:

- 1 Rolle gereifter Ziegenkäse
- 1 EL Honig
- 1 Stiel Thymian

· Orangen-Chili-Marmelade
(Rezept Seite 10)

PRÉPARATION:

01 Ziegenkäse gekühlt in 8 Scheiben schneiden.

02 Die Ziegenkäse-Scheiben in eine Auflaufform legen, mit Honig bestreichen und mit Thymian-Blättern bestreuen.

03 Den Käse bei 220 Grad auf Backpapier im vorgeheizten Backofen etwa 3 bis 4 Minuten backen, bis der Käse anfängt zu verlaufen.

04 Den Käse mit Orangen-Chili-Marmelade anrichten.

Impressionen aus der Küche

Arbeit in der Küche ist fast immer stressig und sehr warm.
Bis zu 700 kleine »Bagatellen« verlassen in der Südstadt die Küche an einem Abend.
Gerade in einer so kleinen Küche von nur 14 m² ist das eine logistische Meisterleistung aller beteiligten Mitarbeiter/-innen, die oftmals trotzdem viel Freude daran haben, was dort passiert :)

Auberginenröllchen

MIT KRÄUTER-FRISCHKÄSE GEFÜLLT

(FÜR 4 BIS 6 PORTIONEN)

MIS EN PLACE:

- 2 große Auberginen
- Rapsöl
- 5 EL gehackte Kräuter (Petersilie, Basilikum, Thymian, Rosmarin o.Ä.)
- 250 g Frischkäse (natur oder mit Kräutern)
- Paprikapulver
- Salz, Pfeffer
- 1 EL Zitronensaft
- Tomatensugo

PRÉPARATION:

01 Die Auberginen längs in dünne Scheiben schneiden.

02 Die Auberginenscheiben salzen und 20 Minuten stehen lassen. Mit Küchentuch abtupfen.

03 Reichlich Öl in einer Pfanne erhitzen und die Auberginenscheiben von beiden Seiten anbraten, bis sie weich sind und eine leichte Bräune haben.

04 Die Auberginenscheiben auf Küchenpapier abtropfen und abkühlen lassen.

05 3 EL gehackte Kräuter mit dem Frischkäse vermengen, mit Paprikapulver, Salz und Pfeffer abschmecken.

06 Die abgekühlten Auberginenscheiben mit dem Frischkäse bestreichen und zusammenrollen.

07 Die fertigen Röllchen mit Zitronensaft und den restlichen Kräutern bestreuen und auf Tomatensugo anrichten.

Die Röllchen schmecken sowohl kalt als auch warm und können auch nachträglich in der Mikrowelle erneut erhitzt werden.

Die Bagatelle und Ingold Airlines

EIN GASTBEITRAG DES AIRLINE-GRÜNDERS

UND SCHWEIZER KUNSTPROFESSORS RES INGOLD

Bord- und Brot-gastronomie hat bei Ingold Airlines eine lange Tradition

Bereits der Firmengründer pflegte eine besondere Beziehung zum Essen. Der ständig etwas hungrige Hans Ingold hatte eine Garmethode entwickelt, um mit der Restmotorwärme seiner »Klemm KL 25« warme Snacks für unterwegs zu brutzeln. Auf diese Weise zubereitete »Vol-Eier« mit Senf waren eine französische Anspielung auf das Sol-Ei, natürlich für voler wie »fliegen« und nicht für »stehlen«. Die Bordküche spielte von Anfang an ein wichtige Rolle im Service der Airline. Viele Passagiere liebten es, an Bord selber zu kochen. Kaum zu glauben und heute unmöglich, aber die flambierten

Käseschnitten mit Emmentaler und Ananas, »Luftloch mit Turbulenz«, serviert mit einem Schnaps, waren in den 1950er Jahren ein absoluter Renner. Für manche war das gastronomische Vergnügen sogar wichtiger als der Flug selber. Besonders Leute mit Flugangst zogen es vor, auf dem Berner Flugplatz Belpmoos ein »Transalpines Bordmenu« zu genießen, für das sie ein Flugticket als Beleg erhielten und gegen einen kleinen Aufpreis Grußpostkarten aus der Ferne an Bekannte schicken lassen konnten anstatt selber zu fliegen.

Die Flugsubstitution ist seit Jahrzehnten einer der erfolgreichsten Zweige der Airline. Diese Art des Reisens hat nichts mit passiv erduldeten Streckenüberwindungen oder Pauschalreisen zu tun, sondern ist eine Abkehr vom Massentourismus mit radikal nutzergenerierter Logistik auf der Grundlage von Inspiration.

Auch hier spielt der gesellige Metabolismus eine zentrale Rolle. Schmackhafte und bekömmliche Wirkstoffe zum Essen, Trinken und gelegentlich auch zum Rauchen fördern gemeinsame Erlebnisse und erzeugen damit Erzählstoff. Ergänzt mit ausge-

Kunstprofessor Res Ingold

Der Firmengründer Res Ingold, mit dessen Airline die Bagatelle seit dem Jahr 2018 eng zusammenarbeitet und für die sie das Catering für die Langstrecke übernommen hat ;)

wählten akustischen Signalen und entsprechender Platzbefeuerung können nachhaltige sensorische und psychomotorische Reaktionen erzeugt werden. Diese gelangen überraschend ins Bewusstsein und erzeugen den erwünschten Reiseeffekt, ohne dass ein Tropfen Kerosin verbrannt werden muss.

Mediterraner Kurzrundflug mit Ofengemüse

Was auch immer an regionalem Frischgemüse zu finden ist, in etwa 1 cm dicke Scheiben schneiden und mit leicht gesalzenem Olivenöl beidseitig gut einreiben und scheibenweise auf ein mit Backpapier ausgelegtes Blech verteilen. Ofen auf 200 Grad Umluft stellen und das Gemüse gar werden lassen, bis es karamellisiert, das dauert zwischen 20 und 50 Minuten. Man kann das Gemüse vor oder nach dem Backen auch noch pfeffern oder mit anderen Geschmacksstoffen würzen und nach dem Backen mit frischen Kräutern bestreuen. Der Fantasie ist je nach Geschmack und Lust und Vorlieben keine Grenze gesetzt, solange nicht der Eigengeschmack des Gemüses verloren geht.

· Aubergine geht prima mit Sardellen und Peperoncini
· Sellerie mit Zitrone und Petersilie
· Fenchel braucht eigentlich sonst gar nichts außer grob gemahlenem Pfeffer
· Tomaten vertragen einiges, sogar Zitronenschalen
· Zucchini zum Beispiel auch Knoblauch und Majoran
· Kartoffeln mit Rosmarin, Oregano, getrocknetem Basilikum oder Bohnenkraut
· Möhren mit Honig, Peperoncini und Ingwer
· Rote Beete mit Sesamsamen

Pasta mit Thunfisch

Linguine oder Spaghetti in gut gesalzenem Salzwasser al dente kochen. Eine Zwiebel hacken und in reichlich Olivenöl langsam dämpfen, aber nicht anbrennen lassen, und mit Weißwein ablöschen. Frische Thunfischstreifen (oder eine Dose Thunfisch) kurz darin pochieren und 2 EL feine Kapern sowie etwas Peperoncino dazugeben, abschmecken und warm stellen. Die Pasta abgießen und tropfnass zum Thunfischsugo geben, umrühren und servieren.

Scampi mit Gewürzen

Tiefgefrorene Ökogarnelen »Black Tiger« auftauen lassen (oder frische finden), mit einer scharfen und spitzen Schere der Länge nach aufschneiden, entdarmen und kurz abspülen. Die Krebshälften trocken tupfen, mit etwas Ingwer-Knoblauch-Öl einpinseln und auf heißer Pfanne scharf rot braten. Salzen und sofort servieren.

Dazu eine deftige Emmentaler Züpfe

· ca. 30 g Hefe
· 1 TL Zucker
· ½ Liter Milch
· 1 EL Salz
· 1 Ei
· 150 g Butter
· 1 kg Weizenmehl
· 1 Eigelb zum Bestreichen

Hefe mit dem Zucker, etwas Milch, Salz und dem geschlagenen Ei verquirlen. Butter flüssig wärmen und mit der Milch kühl aufschlagen und mit der Hefepampe mischen. Alles gut mit dem Mehl zu einem Teig verkneten. In einer abgedeckten Schüssel auf das doppelte Volumen aufgehen lassen. Nach ca. 1 Stunde 3 gleichlange Stränge rollen und zu einem Zopf flechten. Ofen auf 200 Grad aufheizen, währenddessen den Zopf auf dem Backpapier/Blech nochmal etwas aufgehen lassen, mit verdünntem Eigelb bestreichen. Backzeit ca. 45 Min.

16

TIPP:

Diese Tarte lässt sich einfach und nach Gusto abändern.
Pilze, Bacon, Emmentaler, Räucherlachs, Spinat, Schafskäse, Birne oder Speck – alles ist möglich.

PRÉPARATION:

01 Auf einem kalten Backblech Backpapier auslegen, den fertigen Teig ausrollen und drauflegen.

02 Paprika, Aubergine und Zucchini putzen und in Scheiben schneiden.

03 Ein weiteres Backblech mit Olivenöl bestreichen.

04 Das Gemüse vorsichtig mit Olivenöl, Meersalz, Pfeffer und dem Knoblauch-Püree vermengen und auf dem Backblech verteilen.

05 Das Gemüse im Backofen auf höchster Stufe grillen, bis es anfängt, sich leicht zu bräunen. Das Gemüse aus dem Backofen nehmen.

Tarte provençale

MIT KRÄUTERSCHMAND UND ZIEGENKÄSE

(ERGIBT EIN GANZES BACKBLECH)

MIS EN PLACE:

- 2 Rollen Blätterteig oder 2 Rollen Tarteteig
- 1 große rote Paprika
- 1 große gelbe Paprika
- 1 Aubergine
- 2 Zucchini
- Olivenöl

- Meersalz, Pfeffer
- 2 TL Knoblauch-Püree (Rezept Seite 64)
- 6 große Tomaten (süß und saftig – nicht aus Holland ;))
- 1 Bund Petersilie
- frischer Rosmarin

- frischer Thymian
- 250 g Schmand
- 100 g Kräuterfrischkäse
- 1 Bio-Zitrone
- 1 Rolle gereifter Ziegenkäse

06 Den Backofen auf 200 Grad Heißluft oder 220 Grad Ober-/Unterhitze stellen.

07 Tomaten und Kräuter waschen. Die Tomaten in Scheiben schneiden. Die Kräuter fein hacken.

08 Schmand und Frischkäse mit den gehackten Kräutern vermengen, mit Salz, Pfeffer und dem Abrieb einer Zitrone abschmecken und auf den Teig geben.

09 Ziegenkäse in dünne Scheiben schneiden.

10 Das abgekühlte Grillgemüse abwechselnd mit Tomaten und Ziegenkäse auf dem Schmand-Frischkäse-Belag in Schichten legen.

11 Die restlichen Kräuter, etwas Pfeffer und Meersalz auf die Tarte streuen und das Blech mittig in den Ofen schieben. Ca. 20 Minuten backen.

Quenelle de Baguete auf Tomatensugo

PRÉPARATION:

01 Die Petersilie fein hacken.

02 Den frischen Spinat waschen und in Butter anschwitzen. In ein Sieb geben und abtropfen lassen. Nun den Spinat auswringen und fein hacken.

03 Das trockene Baguette in Würfel schneiden und in eine große Schüssel geben.

04 Die Milch zusammen mit etwas geriebener Muskatnuss aufkochen.

05 Ca. 50 g Butter schmelzen und über die Baguette-Würfel geben.

06 Die Eier, die erwärmte Milch, den Spinat und die Petersilie ebenfalls in die Schüssel geben. Salzen und pfeffern.

07 Alles zusammen mit einem Kochlöffel oder den Händen vermengen. Nicht kneten!

08 Die Masse etwa 30 Minuten ziehen lassen.

09 Nun die Feuchtigkeit der Masse prüfen: Wenn man die Masse in der Hand drückt, sollte sie zwar gut durchfeuchtet, aber nicht völlig durchnässt sein. Sollte die Masse zu feucht sein, noch Semmelbrösel (kein Mehl!) dazugeben. Ist sie zu trocken, noch etwas Milch hinzugeben.

Quenelles de baguettes

KNÖDEL MIT SPINAT

(FÜR 4 BIS 6 PORTIONEN)

MIS EN PLACE:

- ½ Bund Petersilie
- 200 g gekochter Blattspinat
- 150 g Butter
- ca. 250 g trockenes Baguette (alternativ gehen auch 5 alte Brötchen oder 250 g Knödel-brot)
- 150 ml Milch (bei Knödelbrot 200-250 ml)
- frische Muskatnuss
- 2 Eier
- Salz, Pfeffer
- Semmelbrösel

Außenansicht der Bagatelle in Sülz

10 Frischhaltefolie, ca. 25 bis 30 cm abreissen und flach auf einem Tisch auslegen.

11 Die Knödelmasse auf die untere Hälfte der langen Seite der Frischhaltefolie geben und die Masse einrollen. An beiden Längsseiten fest zu einem Bonbon zusammen-drehen.

12 Mit einem Zahnstocher kleine Löcher in diese »Wurst« einstechen. Diese dann so lange auf der Arbeitsfläche hin und her rollen, bis keine Luft mehr in der »Wurst« ist.

13 Die »Wurst« nochmals in Alufolie einwickeln und ca. 45 Minuten in einem Topf mit gesalzenem Wasser bei geringer Hitze ziehen lassen.

14 Quennelles auskühlen lassen und in fingerdicke Scheiben schneiden, anschließend in der restlichen Butter gold-braun anbraten.

Rote-Beete-Carpaccio

MIT HÜTTENKÄSE UND WALNUSS

(FÜR 4 PORTIONEN)

MIS EN PLACE:

- 4 Rote Beeten, gekocht
- 150 g Walnüsse
- 400 g Hüttenkäse
- 1 Päckchen Gartenkresse
- 4 EL Vinaigrette (siehe unten)
- Salz, Pfeffer

PRÉPARATION:

01 Rote Beeten in hauchdünne Scheiben schneiden und auf einer Platte bzw. auf vier Tellern dünn auslegen.

02 Walnüsse grob hacken.

03 Mittig auf den Rote-Beete-Scheiben den Hüttenkäse anrichten. Mit den gehackten Walnüssen, der Kresse und der Vinaigrette garnieren und mit Salz und Pfeffer würzen.

Klassische Vinaigrette

MIS EN PLACE:

- 1 Zwiebel
- 1 EL mittelscharfer Senf
- 2 EL Weißweinessig
- 1 Prise Zucker
- 4 EL Rapsöl
- Salz, Pfeffer
- 1 TL Knoblauch-Püree (optional) (Rezept Seite 64)

- optional können jegliche Kräuter hinzugefügt werden. Petersilie, Estragon oder Schnittlauch eignen sich besonders gut, um in fein gehackter Form einer einfachen Vinaigrette das »gewisse Etwas« zu verleihen.

PRÉPARATION:

01 Die Zwiebel fein würfeln.

02 Senf, Essig und Zucker miteinader verrühren, bis eine glatte Masse entstanden ist.

03 Das Öl dazugeben und unterrühren. Mit Salz und Pfeffer abschmecken und die Zwiebelwürfel hinzufügen.

TIPP:
....

Abweichend zu diesem
Rezept lohnt es sich,
Folgendes mal auszu-
probieren: Frische Rote
Beete kaufen. Schälen
und in dünne Scheiben
schneiden. Auf einem
Backblech mit Backpapier
auslegen. Mit Olivenöl,
Salz, Pfeffer und Sesam
bestreuen und im vor-
geheizten Backofen circa
15 Minuten bei 180 Grad
grillen.
Wie beschrieben mit
Hütten- oder Schafskäse
servieren. Bon Appétit!

Integration

DIE BAGATELLE UND GEFLÜCHTETE

Habib ist einer dieser wunderbaren Menschen, die in diesem Land leider nur sehr schwer einen Fuß auf den Boden bekommen. Als 19-Jähriger hat er bei uns begonnen zu arbeiten, geflüchtet aus Bangladesch, der deutschen Sprache nicht mächtig. Er hat geackert, gelernt, alle Posten in der Küche durchlaufen und war irgendwann Küchenchef in der damaligen Bagatelle in Lindenthal. Mit 25 Jahren hat er sich etwas erarbeitet, was manche fleißigen Menschen mit 60 nicht geschafft haben.

Dienstag, 21. Januar 2018

22 KÖLN

Aufregung um Kölner Koch aus Bangladesch

Habib (24) kämpft um Bleiberecht

Habib Khan in einem Kölner Restaurant. Den Traum, ein Spitzenkoch zu werden und in Köln zu bleiben, will er nicht aufgeben.

Foto: Christopher Arlinghaus

VON PHILIPP J. MECKERT

Köln – „Bitte helft Habib!" Mit diesem Hilfeschrei wandte sich Daniel Rabe, Chef des Südstadtrestaurants „Bagatelle", an die Facebook-Community und an die Medien und löste eine Riesenwelle der Solidarität aus. Viele zeigten Herz und Mitgefühl für den 24-Jährigen aus Bangladesch, der ein „Musterbeispiel für gelungene Integration" sei.

Der Restaurantchef findet es ungerecht, dass ihr gut integrierter Mitarbeiter nun abgeschoben werden soll: „Er lernt von Beginn an fleißig die Sprache, er liebt diese und seine Kultur und ein Lieblingslied ist »Stadt met K« von Kasalla. Er verträgt mehr Kölsch als die meisten unserer 140 Mitarbeiter, isst gerne Mettbrötchen und ist immer nett, zuvorkommend und höflich", meint Rabe.

In der Tat ist dem Mann, sein Name ist Habib Khan, seine Angst vor Abschiebung anzumerken. Angeblich gehört er einer Volksgruppe namens Bihari" an und sei in seiner Heimat heftigen Anfeindungen ausgesetzt. Deshalb floh er über Russland nach Europa.

Im persönlichen Gespräch zeigt er ein Ausweispapier: „Aussetzung der Abschiebung bis zum 8. Februar" steht drauf. Und: „Der Inhaber ist ausreisepflichtig." Was nach dem 8. Februar, also in gut zwei Wochen passiert, ist ungewiss. „Ich kann mir wirklich nicht vorstellen, dass ich nach Bangladesch zurück muss. Ich habe doch so lange für mein Leben hier gekämpft", sagt Khan. Für sein Bleiberecht zog er durch die Instanzen bis vor das Oberverwaltungsgericht Münster. Es entschied angeblich negativ über seinen Wunsch, Asyl in Deutschland zu bekommen.

„Die Gastronomie in Köln beschäftigt viele Bengalen in den Küchen. Oftmals unterbezahlt und manchmal illegal. Wir hingegen machen keine Unterschiede", betont Rabe. Und: „Bei

Weihnachtsfeier vor vier Jahren in Winterberg hat Habib das erste Mal Schnee gesehen und hatte Tränen in den Augen beim Schlittenfahren."

Emotionale Worte, die ihre Wirkung nicht verfehlten. Kommentare mit dem Tenor „Armes Deutschland!" oder „Versucht, das öffentlich zu machen, Brief an Merkel schicken, Kirchenasyl suchen... das darf unsere Gesellschaft nicht zulassen!" reihten sich aneinander. Bis Montagmittag wurde der Hilfeschrei der „Bagatelle" 2375 Mal geteilt. Aber wie sind die Fakten? EXPRESS fragte im zuständigen Rhein-Sieg-Kreis nach. Anja Roth von der Pressestelle bestätigt: „Er ist ausreisepflichtig. Sein Asylantrag wurde 2014 abgelehnt und 2015 rechtskräftig. Er darf aber weiterhin arbeiten. Derweil müssen noch Unterlagen geprüft werden. Deshalb ist er nicht akut von Abschiebung bedroht." Wie es weitergeht mit Khan – EXPRESS bleibt dran.

Dampfende Säure auf Autobahn 4

Köln – An der Autobahnabfahrt Eifeltor an der A 4 hat vermutlich ein Tanklastwagen am Montagmittag ätzende Säure verloren. Mehrere Autofahrer hatten vor einer Ampel am Ende der Abfahrt eine dampfende Flüssigkeit am Straßenrand bemerkt. Sofort meldeten sie dies der Feuerwehr. Spezialisten für Chemie-Einsätze machten sich umgehend auf den Weg zur Einsatzstelle. Die Polizei sperrte die Straße. Verursacher war nicht mehr vor Ort anzutreffen worden. Nach suchten die Beamten noch dem etwa zwei Stunden ten die Feuerwehrmän Säure mit Bindemittel vo dig aufgenommen. Die Strecke wurde für den V wieder freigegeben.

Kein Strom in City: Karstadt

Köln – Stromausfall tagnachmittag in d City: Betroffen wa stadt-Gebäudekomp Breite Straße. Ni Kunden des Ein mussten das Gebä sen, auch benach sahen sich zur Se zwungen, darum densticker" und lon. Nach erste sen war bei Ba Hauptstromleit worden. Wann hoben sein wi hen Montaga klar.

Dann aber kam das Ausländeramt in Siegburg, sehr fürchterliche Menschen arbeiten dort. Die haben Habib die Arbeitserlaubnis entzogen und seit über zwei Jahren darf er seinen Beruf nicht mehr ausüben. Wir haben alles versucht, sämtliche Presse hat über den Fall geschrieben, wir haben mit Anwälten gesprochen, noch heute wird Habib erstklassig in dem Fall über die Caritas betreut. Aber es tut sich nichts. Für einen Facebook-Post, den wir veröffentlicht haben und der über zwei Millionen Mal gelesen wurde, wollte uns das Ausländeramt in Siegburg dann auch noch verklagen.

In der Folge bekamen wir wegen der Berichterstattung harsche Drohungen, der Staatsschutz ermittelte und wir haben von Menschen mit komischen Profilen in den sozialen Netzwerken Ein-Sterne-Bewertungen bekommen. Sich um Integration bei Geflüchteten zu bemühen, ist nicht immer populär und häufig waren wir das Ziel von ziemlichen Vollpfosten. Ganz sicher können wir aber sagen, dass wir uns von verbitterten Menschen ohne Herz nicht einschüchtern lassen werden.

Habib ist noch in Deutschland und wir haben steten Kontakt. Andere Arbeitnehmer von uns sind hingegen mitten in der Nacht einfach abgeschoben worden und waren für immer weg. Richtig gute Jungs mit dem festen Willen, sich perfekt zu integrieren und diesem Land niemals auf der Tasche zu liegen. Wir haben das nie verstanden und werden es auch niemals verstehen.

Geflüchtete sind in der Bagatelle immer willkommen. Als Arbeitnehmer/-in oder als Gast, das ist uns selbstredend völlig egal.

Ratatouille gratinee

MIT SCHAFSKÄSE ÜBERBACKEN

(FÜR 4 BIS 6 PORTIONEN)

MIS EN PLACE:

- 2 Gemüsezwiebeln
- 2 Zucchini
- 1 gelbe Paprika
- 1 rote Paprika
- 1 Aubergine

- 1 Bund frischer Thymian
- 3 Stiele frischer Rosmarin
- 40 g frischer Basilikum
- 6 EL Olivenöl
- 3 EL Knoblauch-Püree (Rezept Seite 64)

- 1 EL Kräuter der Provence, getrocknet
- 4 EL Tomatenmark
- 1 Dose geschälte Tomaten
- Salz, Pfeffer
- 200 g Schafskäse

PRÉPARATION:

01 Zwiebel fein würfeln. Paprika, Zucchini, Aubergine in ca. 1 cm große Würfel schneiden.

02 Kräuter fein hacken.

03 Olivenöl in einem großen Topf erhitzen. Zwiebeln, Knoblauch, Thymianblätter und gehackten Rosmarin, Kräuter der Provence und Tomatenmark hinzugeben.

04 Gewürfeltes Gemüse in den Topf geben und etwa 10 Minuten bei mittlerer Hitze braten. Zwischendurch umrühren.

05 Mit den geschälten Tomaten auffüllen und alles bei kleiner Flamme etwa ½ Stunde kochen lassen, bis das Gemüse gar, aber nicht verkocht ist.

06 Mit Olivenöl, Salz und reichlich Pfeffer abschmecken.

07 Gehacktes Basilikum unterheben.

08 Ratatouille in Soufflé-Schalen füllen. Schafskäse darüberbröseln.

09 Bei 200 Grad im vorgeheizten Backofen so lange überbacken, bis der Käse knusprig-braun geworden ist.

Preiselbeer-Marmelade

(FÜR CA. 10 150-ML-GLÄSER)

MIS EN PLACE:

- 1 kg Preiselbeeren (alternativ Cranberries)
- 250 ml Rotwein
- 600 - 750 g Gelierzucker (1:2)
- 1 Zimtstange

PRÉPARATION:

01 Preiselbeeren unter fließend kaltem Wasser waschen und im Sieb abtropfen lassen.

02 In einem Topf die Beeren mit Wein, Gelierzucker und Zimtstange ansetzen. Mindestens 4 Stunden – am besten über Nacht – stehen lassen, damit die Beeren Saft ziehen können.

03 So lange sanft einkochen, bis die Beeren weich sind und der Saft eingedickt ist. Heiß in Gläser füllen, 5 Minuten auf den Kopf stellen, umdrehen und abkühlen lassen.

Gebackener Camembert

IN SESAMKRUSTE MIT PREISELBEER-MARMELADE

(FÜR 4 PORTIONEN)

MIS EN PLACE:

- 2 Eier
- Salz, Pfeffer

- ca. 80 g Mehl
- 150 g Semmelbrösel

- 4 EL Sesam, geschält
- 4 Camembert
- 20 EL Öl

PRÉPARATION:

01 Eier in einem tiefen Teller verquirlen und mit Salz und Pfeffer mischen.

02 Auf einen weiteren tiefen Teller das Mehl geben.

03 Die Semmelbrösel mit dem Sesam auf einem dritten tiefen Teller gut durchmischen.

Die drei Teller sind nun eine »Panierstraße« ;)

04 Den Camembert zunächst im Mehl wenden.

05 Dann im Ei wälzen und danach in der Semmelbrösel-Sesam-Mischung. Den Vorgang wiederholen, damit es knackig und knusprig wird.

06 In einer tiefen Pfanne das Öl erhitzen.

07 Den Camembert von allen Seiten goldig ausbacken.

Super passt traditionell hierzu eine Preiselbeer-Marmelade (Rezept Seite 26).
Oder ein Apfel-Schalotten-Relish (Rezept Seite 58/59).

PRÉPARATION:

01 Die Fischfilets auf Gräten prüfen und diese gegebenenfalls entfernen. Die Filets in größere Stücke schneiden.

02 Tomaten, Zwiebeln und Fenchel je nach Geschmack in gröbere oder feinere Streifen und Würfel schneiden. Den Knoblauch in feine Scheiben schneiden.

03 Das Öl in einem großen Topf erhitzen und Zwiebeln und Knoblauch darin glasig dünsten.

04 Den Fenchel, die Fenchelsamen und das Tomatenmark hinzugeben und kurz mitdünsten.

Bouillabaise

FRANZÖSISCHE FISCHSUPPE

(FÜR 4 BIS 6 PERSONEN)

MIS EN PLACE:

- 800 g Fischfilets, gemischt (Meerbarbe, Rotbarbe, Petermännchen, Lotte, Knurrhahn o.Ä)
- 4 Tomaten
- 1 große Zwiebel (rot oder weiß) oder 4 Frühlingszwiebeln

- 1 Knolle Fenchel
- 2 Knoblauchzehen
- 4 EL Olivenöl
- 1 TL Anis- oder Fenchelsamen
- 1 EL Tomatenmark
- 2 EL Noilly Prat
- 400 ml Weißwein, trocken

- 1 Lorbeerblatt
- ½ Bund Petersilie
- ½ l Fischfond
- Salz, Pfeffer
- 1 Bio-Zitrone
- je nach Geschmack: 250 g Miesmuscheln oder Garnelen oder beides
- Sauce rouille (Rezept Seite 95)

05 Das Gemüse mit dem Noilly Prat und anschließend mit dem Weißwein ablöschen. Das Lorbeerblatt und die Hälfte der Petersilie gehackt mit hinzugeben.

06 Die Suppe mit dem Fischfond aufgießen, kurz aufkochen und dann bei schwacher Hitze ca. 20 bis 30 Minuten köcheln lassen.

07 Die Suppe mit Salz, Pfeffer und Zitronensaft abschmecken.

08 Zu guter Letzt die Fischstücke, Garnelen und die geputzten Muscheln hinzugeben und alles noch mal bei schwacher Hitze etwa 10 Minuten garen. Mit der restlichen gehackten Petersilie und einer Sauce rouille garniert anrichten.

Honig-Limonen-Sauce

MIS EN PLACE:

- 1 unbehandelte Limette oder Limone
- ½ Bund Basilikum oder Petersilie
- 1 TL Honig (flüssig)
- 2 TL Senf
- 6 EL neutrales Öl, z.B. Rapsöl
- Salz, Pfeffer

PRÉPARATION:

01 Die Schale der Limetten fein abreiben und den Saft auspressen. Beides in ein Gefäß geben.

02 Das Basilikum oder die Petersilie fein hacken und mit allen restlichen Zutaten hinzufügen.

03 Mit einem Schneebesen schlagen bis die gewünschte Konsistenz erreicht ist.

Gegebenenfalls die Sauce auch mit einem Pürierstab bearbeiten, die Konsistenz wird fester und ist besser gebunden.

Lachsforellen-Tatar

MIT HONIG-LIMONEN-SAUCE

(FÜR 4 PORTIONEN)

MIS EN PLACE:

- 500 g Lachsforellenfilet ohne Haut
- ca. 100 g Schalotten
- 3 Cornichons (nach Geschmack)
- 2 EL frischer Dill
- 4 EL Olivenöl
- 3 EL Weißweinessig
- Meersalz
- 1 TL frischer Pfeffer
- Honig-Limonen-Sauce (Rezept Seite 30)
- 1 Bio-Zitrone

PRÉPARATION:

01 Die Fischfilets nach Gräten absuchen und diese gegebenenfalls mit einer Pinzette entfernen. Dunkle, tranige Stellen wegschneiden.

02 Die Filets nun der Länge nach in feine Streifen schneiden, dann quer in Würfel.

03 Die Schalotten pellen und in sehr kleine Würfel schneiden. Cornichons fein würfeln.

04 Den Dill ebenfalls fein hacken.

05 Schalotten, Öl, Essig, eine Prise Salz, Dill und Pfeffer mischen. Wer Cornichons benutzt, diese ebenfalls untermischen.

06 Die Marinade und die Lachsforelle vorsichtig mischen und mit Abrieb der Zitrone, Salz und Pfeffer abschmecken.

Kritikfähig

DIE BAGATELLE UND DIE STERNE

Wir haben durchaus auch schlechte Tage.
Oder doofe Gäste. Wahrscheinlich kommt
beides vor :)

★☆☆☆☆ vor 3 Wochen
Schlechteste Restaurant in dem ich je gewesen
bin. Das Essen Grotten schlecht, total
überbewertet. Der Service genau so schlecht
mit einem Reservierten Tisch trotzdem lange
Wartezeiten. Kann ich niemandem empfehlen.
Verstehe nicht wie man so was sehr gut
bewertet.

★☆☆☆☆ vor 2 Monaten
Hat sich meiner Meinung nach sehr
verschlechtert, war früher öfter dort.
Service höchstens mittelmäßig, die Qualität des
Essens für die Preise, deutlich zu teuer.
Dieses wäre aber auch kein Problem, wenn es
wenigstens gut,kreativ etc wäre..aber Blutwurst
Carpaccio für 4,50 €(glaube ich) und dann
werden einfach 7 trockene Scheiben hingelegt,
ohne Alles ?
In der Südstadt gibt es wesentlich bessere
Alternativen - kein Vergleich mehr zu früher....

★☆☆☆☆ vor 2 Jahren
In Stellenausschreibungen werden Menschen
aufgrund ihrer politischen, demokratisch
legitimen Meinung ausgeschlossen (Anhänger
der CDU/CSU).
Ein solches Verhalten ist mir nur aus den
Geschichtsbüchern, die vor 80 Jahren
geschrieben worden, bekannt.

😡 So das ziemlich an selbst überschätzunges
bistro/restaurant was es auch immer darstellen
möchte. der laden ist eine einzige katastrophe mit
einem service der überhaupt nicht statt findet. das
essen ist purer fake, schlecht und gibt überhaupt
nicht das wieder was in der speisekarte steht.
zudem wenn man sich deswegen beim service
beschwert wird man grundsätzlich blöde
angemacht. zudem ist die sauberkeit mit blick in
die küche sehr sehr,nein sehrsehr fragwürdig.
danke für nichts für teures geld

Langsamer Service · Laut · Enttäuschende Speisen ·
Kleine Portionen · Not child-friendly · 1 weitere anzeigen

★☆☆☆☆ vor einem Jahr
Chaotische Bedienung. Absolut unfähig und
überfordert.
Kleingeld unter 1 Euro können wir nicht
zurückgeben.
Reihenfolge der Speisen kann nicht eingehalten
werden.
Das Wort ENTSCHULDIGUNG gibt es nicht. Es
wird alles auf die Küche geschoben.
Die Idee dieser Restauration ist sicherlich gut,
die Ausführung ist aber stark
verbesserungswürdig.
Wir werden dieses Restaurant nicht mehr
besuchen.

★☆☆☆☆ vor einem Jahr
Leider blieb mir das Essen verwehrt durch den
Anfangskontakt mit der unfähigsten und am
wenigsten kundenorientiertesten Kellnerin, die
ich (leider) je getroffen habe. Nachdem sie mich
erstmal weder begrüßt noch wahrgenommen
hat, und minutenlang für die Eintragung eine
Reservierung gebraucht hatte, wurden die nach
mir kommenden Gäste dann vor mir bedient,
woraufhin ich mal nachgefragt habe, ob ich
ignoriert werde. Darauf blaffte sie mich in einem
völlig unangemessenem Ton an : Mach dich halt
bemerkbar und du kannst hier sitzen (der
unschönste Tisch im leeren Restaurant). So was
muss man sich nicht gefallen lassen. Hier ist der
Kunde jedenfalls kein König, sondern im
Gegenteil, er wird auch noch angezickt von
schlecht gelaunten Servicepersonal. Schade,
wenn der Erstkontakt noch vor dem Essen so
negativ ausfällt. Ich werde in diese Filiale nie
wieder ein Fuß treten und hoffe dass die Person
bald weg ist. Sie sollte mal besser über die
Anforderungen und Pflichten ihres Jobs
nachdenken.
Geht gar nicht!

Thunfisch-Sardellen-Mousse

MIT KAPERN

(FÜR 4 PORTIONEN)

MIS EN PLACE:

- 200 g Thunfisch (Dose)
- 250 g Quark
- 30 g Sardellenfilets
- 40 g Kapern
- 1 TL grüner Pfeffer
- 250 g Mascarpone
- 1 EL Senf
- Salz, Pfeffer
- 1 TL Zitronensaft

PRÉPARATION:

01 Den Thunfisch in einem Sieb abtropfen lassen.

02 Den Quark in einem Tuch gut ausdrücken. Sardellenfilets, Kapern und Pfefferkörner abtropfen lassen, dann grob hacken.

03 Den Thunfisch mit Quark, Sardellen, Kapern, Pfefferkörnern, Mascarpone und Senf mischen und mit einem Pürierstab fein pürieren. Leicht salzen und pfeffern und mit ein wenig Zitronensaft abschmecken.

04 Die Masse mindestens 6 Stunden – am besten über Nacht – kühlen lassen.

Zusammenarbeit

BAGATELLE@SEVERINSTORBURG

Seit August 1979 betreibt die Familie Jülich die Severinstorburg, mittlerweile in zweiter Generation. Cornelia »Conny« Jülich-Rademacher ist patent, clever und eine erfolgreiche Unternehmerin mit Herz. Sie agiert immer sozial und schafft es, als eine der Wenigen, auch mal bei Konflikten im Veedel zu vermitteln.

Das historische Stadttor Severinstorburg hütet sie mit Hingabe und Charme, hier ist nichts dem Zufall überlassen und jede der drei Ebenen hat ihren ganz besonderen Reiz.

Was viele nicht wissen: Es ist total erschwinglich, die gesamte Burg oder einen der historischen Räume zu mieten. Ob Salsa, Lesungen, Konzerte, Karnevalspartys, Tagungen, Jubiläen, Lachyoga, Geburtstage, Weihnachtsfeiern oder Stammtische, hier ist alles möglich. Bewusst soll das Gebäude dem »normalen« Bürger zur Verfügung stehen. Am Wochenende sind es natürlich meist die Feierlichkeiten zu Hochzeiten und seit 2005 auch Trauungen. Die Severinstorburg ist ein offizieller Trauort der Stadt Köln. Nach dem Rathaus finden hier mittlerweile die meisten Eheschließungen statt.

Mit Conny und ihrem Mann Bernd sind wir gut befreundet und ab und an arbeiten wir auch total gerne zusammen. Auf den Fotos haben wir zum Beispiel Ende 2019 gemeinsam einen kulinarischen Abend mit Speisen der Bagatelle in dem historischen Gemäuer gestaltet. Das hat sowohl in der Vorbereitung als auch in der Umsetzung totalen Spaß bereitet. Weitere gesellige Abende waren in Planung, dann kam uns allen leider Corona in die Quere. Sobald es wieder möglich ist, werden wir auf jeden Fall wieder gemeinsam etwas veranstalten.

NOCH EIN KLEINER TIPP:

Im Sommer und im frühen Herbst gibt es an der Burg den wohl schönsten kleinen Weingarten der Stadt. Ein absolutes Juwel und etwas versteckt die Treppe hoch. Auf jeden Fall schauen, ob er geöffnet ist, wenn ihr vorbeigeht.

Der Vater von Conny war Jean Jülich, bekannter Kölner Gastronom und während des Zweiten Weltkrieges Edelweißpirat. Bei der Jugendbewegung war er in Köln maßgeblich am Protest gegen die Nazis beteiligt. Von der Gedenkstätte Yad Vashem wurde er 1984 als Gerechter unter den Völkern geehrt und fünf Jahre lang war Jülich Beiratsmitglied des Komitees für eine demokratische UNO. Rheinlandtaler,

Bundes- und Landesverdienstkreuz bekam kaum jemand verdienter als er.

Im Fasteleer war er unersetzbar. Er gründete und leitete viele Jahre die Benefizsitzung Löstige 1 und war Wirt der Kultkneipe Blomekörvge, wo neben BAP auch die Bläck Fööss und viele andere Bands aufgetreten sind.

Den Severins-Bürgerpreis erhielt er für sein Engagement rund um die Severinstorburg.

Am liebsten aber ist er als Zeitzeuge in die Schulen gegangen. Die Ordner voller Briefe aus den Begegnungen in den Schulen waren ihm heilig und wichtig.

Jean Jülich, einer der ganz großen Kölner, der im Jahr 2011 mit 83 Jahren verstarb.

GUT ZU WISSEN:

Als Teil der mittelalterlichen Stadtmauer rund um Köln wurde die Severinstorburg in der ersten Hälfte des 13. Jahrhunderts erbaut. Ihren Namen erhielt sie von der benachbarten Pfarrei St. Severinus und wurde fortan Severinspforte, Severinstor oder auf Kölsch einfach Vringspooz genannt.

Von Beginn an war die Severinstorburg als eins der imposantesten Haupttore Kölns auch Repräsentationsort: Könige, Kaiser und andere hochgestellte Persönlichkeiten wurden hier feierlich empfangen.

Salade niçoise

MIT KLASSISCHER VINAIGRETTE

(MENGE: JE NACH BEDARF)

MIS EN PLACE:

- gemischte Blattsalate
- gekochte Brätlinge/kleine junge Kartoffeln
- Butter
- Meersalz

- gekochte Eier
- rote Zwiebeln
- Vinaigrette (Rezept Seite 20)
- Tomaten-Bohnen-Salat (Rezept Seite 9)

- Thunfisch-Sardellen-Mousse (Rezept Seite 33)
- Fischfilet nach Wahl
- Optional: Salatgurke, Tomaten, Kapern, Oliven

PRÉPARATION:

01 Den Salat waschen und abtropfen lassen.

02 Junge Kartöffelchen kochen, halbieren und eventuell in etwas Butter schwenken und mit Meersalz würzen.

03 Eier kochen. Abschrecken, schälen und vierteln.

04 Die roten Zwiebeln in feine Scheiben schneiden.

05 Den gewaschenen Salat mit der Vinaigrette vorsichtig vermengen.

06 Richten Sie den Salat mit dem Bohnensalat, den Kartöffelchen, dem Thunfisch-Sardellen-Mousse, dem geschälten gekochten Ei und den roten Zwiebeln an.

07 Ursprünglich wird der Salat mit einem kurz gebratenen Stück frischen Thunfisch serviert. Auch ein anderer Fisch passt wunderbar. Sie können hier bei der Zubereitung Ihren Wünschen freien Lauf lassen.

08 Auch Salatgurke, Tomaten, Kapern oder Oliven lassen sich wunderbar in den Salat integrieren.

Unterstützung

LUANA KLIESEN UND IHR TEAM

Luana Kliesen kreuzte Ende 2015 unseren Weg, ein ziemlich großer Glücksfall, wie sich seitdem fast täglich herausstellen sollte. Luana schafft es mit ihrem Team immer wieder, unsere Gedanken grafisch umzusetzen, irre schnell zu agieren und kreative Ideen und Lösungen zu präsentieren. Neben diesem Buch, das Luana gemeinsam mit ihrer Kollegin Anna Beils (KoKollektiv GbR) illustriert, gesetzt und gestaltet hat, sind es über die Jahre wahrscheinlich Hunderte Grafiken für Facebook, Instagram, das weltweite Web, Plakate, Postkarten und viele andere Sachen. Auch das Heft der Südstadt-Safari, die wir gemeinsam mit Luana veranstalten, stammt aus ihrer Feder.

Luana ist engagiert in der *KG Ponyhof e.V.*, einem karitativ sehr agilen Karnevalsverein aus dem Kölner Süden, dort verwaltet sie die Spenden, setzt sich für verschiedene Projekte ein und unterstützt mit aller Power den kleinsten Weihnachtsmarkt der Stadt. Ein kleiner Markt, der es schafft, jedes Jahr gut 200.000 € an Spendengeldern zu generieren.
Ob Brunnenbau in Kenia, der Schutz von Schildkröten oder Flüchtlingshilfe, Luana ist immer dabei und unterstützt Projekte mit ihrer Womanpower vom Schreibtisch aus und auch vor Ort. Sie nutzt ihre Werbeagentur für Corporate Design, Marketingstrategien, Social Media, Webseiten und Imagekampagnen auch für das Gute und hat uns immer unterstützt, wenn es um »das Gute« ging.

Ein wunderbarer Mensch mit viel Herz, Kreativität, Verstand und gesunder Neugierde.

Danke, Luana, für die vergangenen Jahre, für deine Geduld, für das Aushalten der morgendlichen WhatsApp, für die schnellen Reaktionen und Danke für das Einfach-immer-für-die-Bagatelle-da-sein.

Merci

FUNFACT:
Luana war 2014 in der Kuppelshow »Geld oder Liebe« zu Gast. Die »dressurreitende Wasserratte mit dem großen Herzen« entschied sich am Ende als einzige Teilnehmerin für die Liebe und gewann dadurch schlussendlich den maximal möglichen Geldgewinn :)

Südstadt Safari

Luana Kliesen und die Bagatelle veranstalten die Südstadt-Safari gemeinsam. Eine Art Hopping-Format, welches den bunten Einzelhandel und die Gastronomie der Südstadt präsentiert. In knapp 150 Geschäften, Kneipen, Kirchen und Restaurants wird Musik gespielt, Theater oder Lesungen angeboten, gesungen, gelacht und es werden die Vorzüge des schönsten Veedels der Stadt gezeigt.

Vorteil: Dadurch, dass alle Läden selber ein Programm gestalten und wir keine Straßen sperren müssen, bedarf es keiner Genehmigung der Stadt Köln. 30.000 Menschen können in Ruhe stöbern und sich treiben lassen und keine städtische Auflage kann das verhindern.

Gebratene Jakobsmuscheln

AUF THYMIAN-WALNUSS-PESTO

MIS EN PLACE: *Jakobsmuscheln*

- ca. 3 frische Jakobsmuscheln pro Person
- 50 ml Pflanzenöl
- 1 EL Butter
- Salz, frischer Pfeffer
- ½ Limette

PRÉPARATION:

01 Jakobsmuscheln mit einem Küchenpapier trocken tupfen. Das Öl in der Pfanne bei mittlerer Hitze schwenken.

02 Jakobsmuscheln in der Pfanne von beiden Seiten ca. 2 Minuten anbraten.

03 Die Butter hinzugeben. Die Muscheln weitere 2 Minuten braten und dabei mit der Öl-Butter-Mischung übergießen.

04 Zum Schluss die Muscheln salzen und pfeffern und mit Limettensaft beträufeln.

05 Die Muscheln auf dem Pesto anrichten.

MIS EN PLACE: *Pesto*

- 250 g Walnüsse
- 2-3 Zehen Knoblauch
- 5 getrocknete Tomaten in Öl (Rezept Seite 93)
- 1 Bund Thymian, ca. 30 g
- 4 gehäufte EL Parmesan (kann, muss aber nicht)
- 6 EL Olivenöl
- 6 EL neutrales Öl (z.B. Rapsöl)
- Salz, Pfeffer

PRÉPARATION:

01 Walnüsse, Knoblauch und getrocknete Tomaten grob hacken. Thymianblätter von den Stielen zupfen.

02 Alle Zutaten in ein hohes Gefäß füllen. Mit dem Pürier-stab so lange pürieren, bis die gewünschte Konsistenz erreicht ist.

Man kann das Pesto sowohl in sehr grobem Zustand belassen als auch zu einer sehr feinen sämigen Konsistenz verarbeiten.

Spinat-Lachs-Röllchen

VORSPEISE ODER FÜRS BÜFETT

(FÜR 8 BIS 10 CRÊPES/JE NACHDEM, WIE DÜNN MAN SIE AUSBACKT)

MIS EN PLACE:

- 150 g frischer Babyspinat
- 500 ml Milch
- 4 Eier

- 120 g Mehl
- Salz, Pfeffer
- Muskatnuss, gerieben
- 30 g Butter

- 200 g Frischkäse
- 250 g Räucherlachs
- Schnittlauch

PRÉPARATION:

01 Babyspinat waschen und abtropfen. Den Spinat bis auf ca. 20 Blättchen in ein hohes Gefäß geben und die Milch hinzufügen.

02 Den Spinat sehr fein mit einem Pürierstab in der Milch pürieren.

03 Nach und nach die Eier, dann das Mehl hineingeben.

04 Mit Salz, Pfeffer und etwas geriebener Muskatnuss würzen und zu einem glatten Teig pürieren.

05 In einer beschichteten Pfanne einen Teil der Butter erhitzen und mit einer Kelle eine dünne Schicht des Teiges durch Schwenken der Pfanne gleichmäßig verteilen.

06 In etwa 3 bis 4 Minuten die Crêpe von beiden Seiten goldgrün backen. Crêpe aus der Pfanne nehmen und auf einen Teller legen.

07 Diesen Vorgang wiederholen, bis der Teig verbraucht ist.

08 Die abgekühlten Crêpes mit Frischkäse bestreichen.

09 Den Lachs dünn auf dem Frischkäse auslegen und ein paar Blätter Spinat daraufgeben.

10 Nun die Crêpes vorsichtig zu einer Rolle einrollen.

11 Vor dem Servieren in Scheiben schneiden und mit Schnittlauch bestreuen.

PRÉPARATION:

01 Milch aufkochen und über das Weißbrot geben. Abkühlen lassen.

02 Schalotte in sehr feine Würfel hacken.

03 Fischfilet von etwaigen Gräten befreien und sehr fein hacken, sodass eine Art Fischfarce entsteht.

04 Das Ei und den Senf unter die die Weißbrot-Milch-Masse geben. Fischfarce hinzugeben und alles gut durchkneten.

05 Senfkörner, Fenchelsamen, Currypulver, Paprikapulver und Kräuter der Provence in einem Mörser zu einer homogenen Gewürzmischung zerstoßen.

Bretonische Fischfrikadellen

AUF SAFRAN-MAYONNAISE

(FÜR 4 PORTIONEN)

MIS EN PLACE:

- 50 ml Vollmilch
- 50 g Weißbrot (z.B. Toast)
- 1 Schalotte
- 500 g Fischfilet (Rotbarsch, Kabeljau, Seelachs)
- 1 Ei
- 1 EL mittelscharfer Senf

- ½ EL Senfkörner
- ½ EL Fenchelsamen
- ½ EL Currypulver
- ½ EL Paprikapulver
- ½ EL Kräuter der Provence getrocknet
- Öl zum Braten
- ½ Bund glatte Petersilie

- ½ EL Knoblauch-Püree (Rezept Seite 64)
- Salz, Pfeffer
- Paniermehl
- Gut dazu passt eine Mayonnaise. Hier auf dem Foto ist es eine Safran-Mayonnaise (Rezept Seite 95).

---

06 Gewürzmischung in einer Pfanne ohne Öl ganz kurz anrösten.

07 Petersilie sehr fein hacken und zusammen mit der Gewürzmischung und dem Knoblauch-Püree in die Frikadellenmasse mischen.

08 Alles erneut gut durchkneten und mit Salz und Pfeffer abschmecken.

09 Mit den Händen kleine, flache Frikadellen formen.

10 Die Frikadellen können entweder auf einem mit Öl bestrichenen Backblech für 20 Minuten bei 140 Grad im Ofen gebacken oder in Paniermehl gewendet in einer Pfanne mit Öl ausgebacken werden.

Die jecken Tage

DIE BAGATELLE UND DER KARNEVAL

Wir sind in Köln geboren und lieben den Karneval. Wir freuen uns daher total, dass wir solch viele schöne karnevalistische Partys erleben durften und die Bagatelle mittlerweile zu den jecken Hotspots im karnevalistischen Treiben gehört.

DJ Kapellmeister und DJ Vossi sind mittlerweile kleine Legenden an den Turntables und auch die anderen Jungs der »Bagatelle DJs« sind total famos und gehören zur kleinen Familie. Die dazugehörige WhatsApp-Gruppe und deren Inhalt sind an Heiterkeit kaum zu überbieten :)

Party-Stimmung

DJ KAPELLMEISTER

Vor sechs Jahren haben wir diesen Typen kennengelernt. Es war ein Karnevalsfreitag und wir waren völlig im Arsch. Jeden Euro, den wir hatten, haben wir in die Eröffnung der Brasserie aller Kolör (Alteburger Hof) investiert. Wir hatten nichts mehr und unsere Hoffnung lag einzig auf einem umsatzstarken Karnevalsgeschäft.

Am Tag zuvor, an Weiberfastnacht, hatten wir einen halb leeren Laden und wir sind mit Freibons Promo am Chlodwigplatz gelaufen. Die zwei engagierten DJs wären in Zelten im Umland definitiv besser aufgehoben gewesen, was uns zu der Annahme brachte, dass wir am Freitag »einfach« selber Musik machen sollten.
Es waren sehr schlimme Stunden, der Laptop versagte ständig, angeklickte Songs waren Live-Versionen oder die BumBum-Malle-Nummer. Und irgendwann fingen die ersten Gäste an, uns auszubuhen.

Gegen Mitternacht haben wir die Musik einem Freund übergeben, sind in eine entspannte Bar geflüchtet und haben uns mit Gin Tonic benebelt.

Danach waren wir durchaus entspannter und gingen noch auf fünf Kölsch in den Pegel, eine tolle Bar in der Brüsseler Straße, über der wir damals gewohnt haben.

Ihr müsst euch vorstellen, wir kamen aus dem eigenen Laden, wo wir ausgebuht wurden, und betreten den Pegel. Eine ausgelassene bunte Menschenmasse, der Laden perfekt gefüllt, alles friedlich, die sensationellste Party aller Zeiten. Und mittendrin ein völlig verrückt gewordener DJ, der mit den Gästen sprang, sang und selber am Feiern war, als gäbe es kein Morgen mehr. Sein Kostüm war ein silberner Anzug komplett aus leuchtenden Pailletten und vor ihm hatte er sich selber eine Lampe aufgebaut, mit der er sich anstrahlte. Er ging als Diskokugel.

Zum Glück waren wir irgendwann so voll, dass wir ihn angesprochen haben. Bis heute steht Sascha aka. DJ Kapellmeister jeden Tag an Karneval (außer Freitag) in der Brasserie aller Kolör oder der Bagatelle. An dieser Stelle einfach mal Danke. Der Mann hat einen großen Anteil daran, dass wir seit Jahren ausgelassen, voll und friedlich Karneval feiern können.

PS: Im Pegel steht er noch immer jeden Freitag an Karneval und schmeißt die beste Party der Stadt.

Filet von der Rotbarbe

MIT LIMONE UND KRÄUTERN GEBRATEN

(FÜR 4 PORTIONEN)

MIS EN PLACE:

- 4 Knoblauchzehen
- 4 frische Rotbarben oder 8 Filets
- je 1 Handvoll Thymian, Rosmarin, Petersilie und Salbei
- Olivenöl
- Meersalz
- frisch gemahlener schwarzer Pfeffer
- 30 g Butter
- Saft von 1 Limone

PRÉPARATION:

01 Den Backofen auf 180 Grad vorheizen.

02 Wasser in einem Topf zum Kochen bringen und die geschälten Knoblauchzehen 3 bis 4 Minuten darin blanchieren.

03 Fischfilets auf der Hautseite zwei- bis dreimal leicht einschneiden.

04 Kräuter grob hacken.

05 Olivenöl in einer Pfanne erhitzen.

06 Fischfilets mit Meersalz und Pfeffer würzen und mit der Hautseite zuerst in die heiße Pfanne legen.

07 Knoblauch, Kräuter und Butter dazugeben und den Fisch ca. 2 Minuten braten.

08 Filets auf ein Backblech legen und im Ofen weitere 2 Minuten garen.

09 Fisch aus dem Ofen nehmen und mit dem Sud aus der Pfanne begießen.

10 Mit dem Limonensaft beträufeln und erneut mit Meersalz und Pfeffer würzen.

Dazu passen Pommes natürlich sehr gut. Baguette oder ein Salat sind aber auch fein.

Moules frites

MIESMUSCHELN MIT POMMES

(FÜR 4 PORTIONEN)

MIS EN PLACE:

- 2,5 kg lebende Miesmuscheln
- 4-5 Schalotten
- 1 Stange Sellerie

- ½ Bund Petersilie
- 70 g Butter
- 2 Knoblauchzehen
- 1 Möhre
- 500 ml Weißwein, trocken

- Meersalz
- frischer Pfeffer
- ca. 150 g Crème fraîche nach Geschmack

PRÉPARATION:

01 Die Muscheln gründlich reinigen und die Bärte entfernen. Alle Muscheln, die offen bleiben, wenn man mit einem EL auf sie draufklopft, wegwerfen.

02 Schalotten und Sellerie in kleine Würfel schneiden.

03 Die Petersilie fein hacken.

04 Die Butter in einem großen Topf zerlassen.

05 Die Knoblauchzehen zerdrücken und zusammen mit Möhre, Sellerie, Schalotten und der Hälfte der gehackten Petersilie bei mittlerer Hitze anbraten, bis die Schalotten glasig sind.

06 Den Weißwein aufgießen und zwei Minuten zum Kochen bringen.

07 Nun die Muscheln in den Sud geben und den Topf luftdicht mit einem Deckel verschließen.

08 Bei schwacher Hitze und gelegentlichem »Schütteln« des Topfes für 2 bis 3 Minuten garen.

09 Nun die Muscheln vorsichtig aus dem Sud herausschöpfen und in eine große Schüssel geben. Sollten sich Muscheln nicht geöffnet haben, diese entsorgen.

10 Den Sud mit Salz, Pfeffer und Crème fraîche abschmecken, über die Muscheln gießen und mit Petersilie bestreuen.

Blumen, Blumen ...

BLUMEN HEINER

»... Blumen sind das Wichtigste.« Reja sagt diesen Satz sehr häufig und meint es auch ziemlich ernst damit. Blumen schaffen Atmosphäre und wir alle erkennen, ob die kleinen Pflanzen im Restaurant eher jämmerlich vegetieren oder liebevoll gepflegt werden. In der Bagatelle stehen auf allen Tischen kleine Vasen, meist mit ein oder zwei Blüten drin. Auf der Theke, auf Schränken oder Kommoden stehen ganze Sträuße. Im Außenbereich sind die Tische mit kleinen Topfpflanzen bestellt und es gesellen sich andere große Pflanzen auf den Terrassen hinzu.

Dienstags und freitags kaufen wir dafür frische Blumen auf dem Wochenmarkt an der Aposteln-kirche. Seit vielen Jahren ein Ritual, welches uns mit der ganzen Familie viel Freude bringt. Blumen aussuchen, handeln und mit den Jungs von Blumen Heiner ein wenig feixen.

Blumen Heiner hat immer alles dabei, einen riesigen LKW voller bunter Blumen und Pötte. Wuselig geht es zu, es ist immer viel los, Kinder, Senioren, andere Gastronomen/-innen oder innerstädtische Geschäftsleute. Gefühlt alle kaufen ihre Blumen hier. Das liegt auch und vor allem an Gianni und seinem Team, an René und der einfach sensationellen Crew mit viel Kenntnis und morbidem Charme. Eine Art intellektueller Trödeltrupp für das blühende Gewerbe.

Auch der Rest des Marktes lohnt sich und fast immer finden wir etwas für die Bagatelle des Tages. Geht mal vorbei – gerade am Freitag ist der gesamte Markt sehr lohnenswert.

Chefgruppe

DIE BETRIEBSLEITUNG

Jeder Betrieb wird eigenständig von diesen vier Frauen und einem Hahn im Korb geleitet:

Sarah Hermanns für die Bagatelle Südstadt – im Hintergrund schaut sie auch auf die anderen Läden, Lara Wüstefeld für die Bagatelle in Sülz, Alioscha Jerez für die Brasserie aller Kolör in der Südstadt, Elli Neumüller für die Bagatelle V in Ehrenfeld und Vera Dratschmidt, die eigentlich jeden Laden schon mal geleitet hat und im Moment eine kreative Pause macht.

Frittierte Sardellen

(FÜR 2 BIS 4 PERSONEN, JE NACHDEM OB ALS VORSPEISE ODER HAUPTGANG)

MIS EN PLACE:

- 500 g frische Sardellen
- 1 EL Thymian
- 1 EL Estragon
- 1 Tasse Mehl
- 3 Tassen gutes Öl, z.B. erhitzbares Olivenöl
- 1 TL Meersalz
- 1 Zitrone

PRÉPARATION:

01 Die Sardellen waschen und mit einem Küchentuch trocken tupfen.

02 Die Kräuter ganz fein hacken und unter das Mehl geben. Man kann die Kräuter auch weglassen. Schmeckt aber mit Kräutern noch besser!

03 Die Sardellen im Mehl panieren. Überflüssiges Mehl abklopfen.

04 Das Öl in einem höheren Topf erhitzen.

05 Die Sardellen in das heiße Fett geben und circa 3 bis 5 Minuten ausbacken, bis sie Farbe angenommen haben.

06 Die Sardellen aus dem Öl schöpfen.

07 Mit Meersalz würzen und mit der Zitrone beträufeln. Lecker!

Welches Gericht wir am häufigsten verkaufen?

Pommes aus Süßkartoffeln

Ganz verstanden haben wir nie, warum diese gold-orangene Mischung aus außen knuspriger Kartoffel und innen matschiger Möhre so erfolgreich ist, aber es läuft wie Sau. Alleine in der Bagatelle Südstadt haben wir in den vergangenen fünf Jahren 53.326 Portionen verkauft. Verdienen tun wir im Übrigen an dieser Bagatelle nichts, alleine der Waren-einkauf liegt bei über 2 € pro Portion. Aber von der Karte nehmen werden wir diese frittiert-süße Versuchung definitiv niemals. :)

Escargots à l'alsacienne

SCHNECKEN IN KRÄUTER-SAHNE

(FÜR 4 PORTIONEN)

MIS EN PLACE:

- 3 Schalotten
- 1 Karotte
- 1 Bund Petersilie
- 1 Stiel frischer Thymian
- 1 Stiel frischer Rosmarin

- 1 Zweig Estragon
- 150 g Butter
- 2 Knoblauchzehen oder 3 EL Knoblauch-Püree (Rezept Seite 64)
- 1 Gewürznelke
- 1 Lorbeerblatt

- 24 Schnecken mit Häusern oder ohne
- 125 ml Weißwein
- 1 Schuss Pernod (optional)
- 1 Zitrone, unbehandelt
- 500 ml Sahne
- Salz, Pfeffer, Muskat

PRÉPARATION:

01 Schalotten und Karotte in sehr feine Würfel schneiden.

02 Kräuter sehr fein hacken.

03 Die Butter in einem Topf erhitzen. Die Schalotten, Karotten, Knoblauch, Nelke und Loorbeerblatt in der Butter schwenken.

04 Schnecken in den Topf geben und mit dem Weißwein aufgießen. Alles so lange bei starker Hitze einkochen, bis sich die Flüssigkeit um die Hälfte reduziert hat.

05 Mit Pernod ablöschen. Hitze reduzieren auf kleinste Flamme. Zitronenschale hineinreiben und die Kräuter hinzufügen.

06 Die Sahne aufgießen. Mit Salz, Pfeffer und Muskat abschmecken.

07 Die Sahne etwa 5 Minuten lang einkochen lassen. Mit frischer gehackter Petersilie bestreuen.

Boudin noir

BLUTWURST-CARPACCIO MIT APFEL-SCHALOTTEN-RELISH

(DIE MENGE JE NACH BEDARF ANPASSEN/CA. 80 BIS 100 G BLUTWURST PRO PERSON)

MIS EN PLACE:

- 1 gute Blutwurst im Ring
- Apfel-Schalotten-Relish (siehe unten)
- eventuell Speck und Schwarzbrot

PRÉPARATION:

01 Die Blutwurst in feine Scheiben schneiden und gefächert auf einen Teller legen.

02 Das Carpaccio mit Relish anrichten.

03 Zusätzlich lässt sich das Carpaccio mit gebratenem Speck und Schwarzbrot aufwerten.

Apfel-Schalotten-Relish

(FÜR 4 BIS 6 PORTIONEN)

MIS EN PLACE:

- 80 g Zucker
- 100 ml Apfelessig
- 80 ml Apfelsaft
- 2 säuerliche Äpfel
- 2 Stangen Staudensellerie
- 1 rote Zwiebel

- 1 Chilischote
- 1 Stück Ingwer
- 3-5 Korianderkörner
- 1 TL Senfkörner
- 1 EL Preiselbeer-Marmelade (optional) (Rezept Seite 26)
- Salz, Pfeffer

Im Grunde genommen alles Schnickschnack. Es handelt sich um eine sehr dünn aufgeschnittene Blutwurst mit Äpfeln und Zwiebeln. ;)

PRÉPARATION:

01 Zucker, Essig und Apfelsaft in einen Topf geben. Die Äpfel in ca. 5 mm große Würfel schneiden und in die Essigmischung geben.

02 Sellerie putzen und waschen, und in ca. 4 mm große Würfel schneiden.

03 Zwiebel, Chili und Ingwer schälen und klein würfeln.

04 Die Korianderkörner grob zerdrücken und mit Senfkörnern, Sellerie, Zwiebel, Ingwer, Chili und eventuell der Preiselbeer-Marmelade zu den Äpfeln geben.

05 Unter Rühren leicht aufkochen lassen, bis sich der Zucker vollständig aufgelöst hat. Offen bei mittlerer Hitze 45 bis 60 Minuten köcheln lassen, immer wieder rühren.

Die Masse sollte marmeladig einkochen und das Essigaroma verlieren.

06 Relish mit Salz und Pfeffer abschmecken

In Einmachgläsern hält sich das Relish im Kühlschrank ca. 2 Wochen.

Cassoulet

MIT KASSLER UND SPECK

(FÜR 4 BIS 6 PORTIONEN)

MIS EN PLACE:

- 3 Karotten
- 2 große Zwiebeln
- ½ Knollensellerie oder 3 Stangen Staudensellerie
- 2 Knoblauchzehen
- 500 g kleine weiße Bohnen (Dose)
- 250 g Kassler
- 250 g durchwachsener Speck
- 100 g Butter
- 5 EL Olivenöl
- 2 Bund Thymian ca. 60 g
- 2 Lorbeerblätter
- 150 ml Weißwein
- 800 g geschälte Tomaten (Dose)
- Salz, Pfeffer
- 1 EL Kräuter der Provence, getrocknet
- 150 g Paniermehl oder Semmelbrösel

PRÉPARATION:

01 Karotten, Zwiebeln, Sellerie in ca. 1 cm große Würfel schneiden. Knoblauch fein würfeln.

02 Bohnen abtropfen lassen.

03 Kassler und Speck in ca. 1 cm große Würfel schneiden.

04 2 EL Butter und das Olivenöl in einem Bräter oder großen Topf erhitzen. Kassler- und Speckwürfel darin rundherum anbraten. Das Gemüse (Zwiebeln, Karotten, Sellerie und Knoblauch) hinzufügen und ebenfalls mit anbraten.

05 1 Bund Thymian und Lorbeerblätter hinzufügen. Mit Weißwein ablöschen. Bohnen und geschälte Tomaten zugeben. Vorsichtig umrühren. Kräftig mit Salz und Pfeffer abschmecken.

06 Alles auf ein tiefes Blech geben und bei 200 Grad im heißen Ofen ca. 45 Minuten schmoren.

07 In der Zwischenzeit das Paniermehl mit der übrigen Butter verkneten. Vom restlichen Thymian die Blätter von den Stielen zupfen und zusammen mit den Kräutern der Provence unter das Paniermehl mengen. Die Masse glatt auf ein mit Olivenöl bestrichenes flaches Blech legen und für 10 Minuten mit in den Ofen schieben, bis sich eine goldbraune Farbe gebildet hat.

08 Cassoulet aus dem Ofen nehmen, eventuell 100 ml Wasser zugeben, je nach gewünschter Konsistenz.

09 Kurz vor dem Anrichten den Eintopf mit der Semmelbrösel-Panade bestreuen.

Hans Süper beim Shooting
von Gaffel Kölsch
für die Bagatelle
in Sülz

Hans Süper

In Sülz haben wir gemeinsam mit Gaffel Kölsch und Hans Süper ein Fenster im ersten Stock anbringen dürfen, von dem aus Hans persönlich jeden Abend über unsere Terrasse wacht. Eine besondere Freude, dass sich Kölns größter Musiker und Karnevalist dazu bereit erklärt hat.

Das Bier

GAFFEL KÖLSCH

Am Kölsch scheiden sich die Geister, deshalb werden wir für diesen Beitrag wahrscheinlich auch am meisten Ärger bekommen. Auch sind sich die Brauereien in Köln oftmals nicht ganz grün im Miteinander, was sehr schade ist. In der Südstadt verkaufen wir Peters Kölsch, die mittlerweile zum Frankfurter Radeberger-Konzern gehören, weil es in den Verträgen zwischen Bierverlag und Hauseigentümer so festgeschrieben steht. Alternativ könnten wir dort – weil auch aus dem Hause Radeberger – Sion, Dom, Gilden, Sester oder Küppers verkaufen. Wir haben uns für Peters entschieden :)

Warum wir aber, wenn es möglich ist, wie selbstverständlich mit Gaffel Kölsch zusammenarbeiten?

Das hat mehrere Gründe. Vor ein paar Jahren hatten wir die bescheuerte Idee, in Berlin eine Bagatelle zu eröffnen. Wir haben in Friedrichshain ein schönes Lokal gefunden, einen Mietvertrag unterschrieben, mit der Renovierung begonnen und uns von der Gaffel-Brauerei unkompliziert ein günstiges Darlehen geholt. Ein üblicher Vorgang bei der Eröffnung eines Lokals. Dann aber gab es einen fetten Wasserschaden, es wurde klar, dass die vorhandene Abluftanlage total im Eimer war und komplett erneuert werden musste, das Haus sollte auf einmal eine Luxussanierung bekommen und der Vermieter entpuppte sich als Arsch mit Ohren.

Kurz bevor wir pleite waren, traten wir die Flucht an und entschieden uns gegen das Projekt. Die Bagatelle in Berlin hat nie geöffnet und wir haben uns danach geschworen, vorerst nur in Köln zu bleiben.

Die Gaffel-Brauerei hat keine Sekunde wegen des Darlehens und der Verpflichtungen gezuckt. Sie stand wie eine Wand hinter uns und hat uns jede weitere Hilfe angeboten. Das ist in diesem Geschäft nicht selbstverständlich und das werden wir nicht vergessen.

Des Weiteren arbeitet das Unternehmen innovativ, ist für jede Schandtat bereit und stützt gerade auch die jüngere Gastronomie. Gaffel hat unbemerkt viele kleine Eckkneipen gerettet und Gaffel unterstützt seit vielen Jahren sehr großzügig den ehrenamtlich organisierten kleinsten Weihnachtsmarkt der Stadt. Für eine Branche, der es nicht nur gut geht, sind solche Partner manchmal Gold wert.

Als wir in Sülz die Idee hatten, Hans Süper ein eigenes Fenster zu geben, war Gaffel sofort freudig dabei, organisierte ein Shooting und kurze Zeit später lächelte Hans aus dem ersten Stock herunter. Natürlich mit einer Stange Gaffel Kölsch in der Hand.

PS: Wir bekommen von Gaffel Kölsch nichts für dieses Buch.

Knoblauch-Püree

ALS BASIS FÜR ALLES

MIS EN PLACE :

- 100 g Knoblauch
- 4 EL Weißwein, trocken
- 1 EL grobes Meersalz
- 300 ml neutrales Öl (Raps- oder Sonnenblumenöl)

PRÉPARATION :

01 Alle Zutaten zusammen in einem hohen Gefäß pürieren, bis ein sämiges Püree entstanden ist.

Im Kühlschrank in einem luftdichten Gefäß lässt sich das Püree mehrere Wochen aufbewahren.

Lamm-Hackbällchen

AUF PIKANTER TOMATEN-ROSMARIN-SAUCE

(FÜR 4 PORTIONEN/16 HACKBÄLLCHEN)

MIS EN PLACE:

- 50 g Schalotten
- 2 Scheiben Toastbrot
- ½ Bund Salbei
- ½ Bund glatte Petersilie

- 50 g Butterschmalz
- 2 EL Knoblauch-Püree (Rezept Seite 64)
- Salz
- Chili

- 500 g Lammhack
- 1 Ei
- Tomaten-Rosmarin-Sauce (Rezept Seite 88)

PRÉPARATION:

01 Schalotten fein würfeln. Das Toastbrot entrinden, würfeln und in Wasser oder Milch einweichen.

02 Salbei- und Petersilienblätter von den Stielen zupfen und jeweils fein hacken.

03 20 g Butterschmalz in einer Pfanne erhitzen. Knoblauch-Püree und Schalottenwürfel darin glasig andünsten und mit Salz und Chili würzen.

04 Die Brotwürfel ausdrücken und zusammen mit dem Lammhack, dem Ei, den Kräutern und dem Knoblauch-Zwiebel-Gemisch gut vermengen.

05 Aus der Hackmasse 16 gleich große Bällchen formen und diese in dem restlichen Butterschmalz in einer Pfanne rundherum goldbraun ausbacken.

06 Die Hackbällchen auf einer pikanten Tomatensauce servieren und mit gehackter Petersilie garnieren.

Lammkoteletts

IN KRÄUTERMARINADE

(2 BIS 4 KOTELETTS PRO PERSON)

MIS EN PLACE:

- 2 Stiele Thymian
- 2 Stiele Rosmarin
- ½ Bund Petersilie
- 2 EL Olivenöl

- 1 EL Knoblauch-Püree (Rezept Seite 64)
- Meersalz, Pfeffer
- Lammkoteletts
- Basilikum-Pistou (Rezept Seite 92/93)

PRÉPARATION:

01 Kräuter ohne Stiele ganz fein hacken.

02 Gehackte Kräuter mit Öl, Knoblauch-Püree, Salz und Pfeffer mischen.

03 Lammkoteletts in der Marinade am besten über Nacht ziehen lassen.

04 Bei mittlerer bis starker Hitze eine Pfanne mit Öl erhitzen. Die Koteletts hineingeben und von beiden Seiten jeweils 2 Minuten braten.

05 Die Koteletts mit der Pfanne vom Herd nehmen und an einem warmen Ort für ca. 5 Minuten ruhen lassen.

06 z.B. mit Basilikum-Pistou anrichten.

PRÉPARATION:

....

01 Das Fleisch und das Gemüse in grobe Würfel schneiden. Knoblauch hacken.

02 Die Butter in einem großen Topf erhitzen und das Fleisch darin anbraten.

03 Das Gemüse (nicht die Champignons), Thymian, Lorbeer Nelken und Knoblauch ebenfalls mit anschwitzen.

Blanquette de veau

FRANZÖSISCHES KALBSRAGOUT MIT PILZEN

(8 KLEINE PORTIONEN)

MIS EN PLACE:

- 1 kg Kalbfleisch
  (Brust, Hals, Schulter,
  am besten gemischt)
- 2-3 Karotten
- 4 kleine Zwiebeln
- 2 Stangen Stangensellerie

- 1 Knoblauchzehe
- 60 g Butter
- 1 Zweig Thymian
- 1-2 Lorbeerblätter
- 1-2 Nelken
- 2-3 EL Mehl
- 250 ml Weißwein

- 500 ml Kalbsfond
- 300 g Champignons
- Salz, Pfeffer
- 1 Bio-Zitrone
- 250 g Crème fraîche
- 2 Eigelb
- 1 Bund Petersilie

04 Nun das Mehl hinzugeben und alles mit dem Weißwein ablöschen.

05 Den Kalbsfond aufgießen.

06 Alles zusammen aufkochen. Mit einer Schaumkelle den Schaum abschöpfen.

07 Im Topf ohne Deckel bei mittlerer Hitze für etwa 1 Stunde schmoren lassen.

08 Wenn das Fleisch weich und zart geworden ist, einen zweiten Topf nehmen und das Fleisch und das Gemüse in diesen Topf umfüllen.

09 Die Sauce durch ein Sieb dazupassieren.
Die geputzen und geviertelten Champignons hinzugeben und alles zusammen noch mal 10 Minuten kochen lassen.

10 Mit Salz, Pfeffer und dem Abrieb einer Zitrone abschmecken und vom Herd nehmen.

11 Die Crème fraîche und das Eigelb verrühren und langsam unter das Ragout ziehen.

12 2 bis 3 EL gehackte Petersilie über das fertige Ragout geben.

Boeuf bourguignon

RINDFLEISCH BURGUNDER ART

(FÜR 6 BIS 8 KLEINE PORTIONEN)

MIS EN PLACE:

- 1 kg Rinderschulter
- 120 g durchwachsener, geräucherter Speck am Stück
- 400 g junge Karotten
- 400 g junge Kartöffelchen
- 1 Bund Lauchzwiebeln
- 60 g Butter
- 1 EL Tomatenmark
- 2 EL Mehl
- 2 cl Cognac
- 1 l Burgunder-Wein
- 300 ml Rinderfond
- 2 Knoblauchzehen
- 1 Kräuterbouquet
- Salz, Pfeffer

PRÉPARATION:

01 Das Fleisch und den Speck in grobe Würfel schneiden.

02 Das Gemüse putzen und ebenfalls in grobe Würfel schneiden.

03 Die Butter in einem Bräter auf dem Herd erhitzen und das Fleisch und den Speck darin leicht anbraten.

04 Das Gemüse und das Tomatenmark hinzugeben und kurz mit anschwitzen.

05 Mit dem Mehl bestäuben.

06 Nun Cognac, Rotwein und Fond hinzugeben.

07 Den Knoblauch klein hacken und zusammen mit dem Kräuterbouquet hinzugeben.

08 Mit Salz und Pfeffer würzen.

09 Im Bräter bei 160 Grad Heißluft für 3 bis 3,5 Stunden im Backofen schmoren.

Traditionell wird das Boeuf zusammen mit in Butter geschwenkten Champignons und Perlzwiebeln angerichtet.

Eine Institution an Karneval

Feuchtfröhlich geht es
mit den Bands im Keller zu

Freundschaft

DIE BAGATELLE UND DIE KNEIPE TORBURG

Hülya und Martin Wolf haben aus einer stink-normalen Eckkneipe den angesagtesten Bluesclub Deutschlands gemacht. Und das Allerbeste und die Glanzleistung daran: Es ist trotzdem eine stink-normale Eckkneipe geblieben.

[Hü]lya ist Patentante unserer [To]chter Elli und genau wie [M]artin absoluter Herzens-[m]ensch. Die beiden stellen [si]ch offen gegen jede Form von [Ra]ssismus, was in einer kölschen [K]neipe nicht immer sehr leicht [is]t. Sie engagieren sich für ihre [Kü]nstler auch in Zeiten von [Co]rona und bringen gerade einen [Sa]mpler raus, dessen Idee nach [de]m Lockdown entstanden ist. [M]anch namhafte Sänger/-innen [ha]ben schon bei den beiden [au]f der Couch übernachtet und [ko]mmen immer wieder zurück in [di]e Torburg und spielen vor 100 [Le]uten. Wirklich beeindruckend, [w]as die Torburg in den 20 Jahren [m]it Bestehen aufgebaut hat.

PS: Unsere gemeinsame Idee, die Gäste der Bagatelle und der Torburg während des Lockdowns mit Getränken zu versorgen, ging irgendwie nie an den Start. Obwohl wir den Slogan »Zo suffe för zohuss« echt gut fanden :)

73

Coq au vin

HÄHNCHEN IN ROTWEINSAUCE

(FÜR 4 BIS 6 PERSONEN)

MIS EN PLACE:

- 1 fleischige Maispoularde oder ein Freilandhuhn, 1-1,4 kg, am besten zerlegt
- 1 Bund Frühlingszwiebeln
- 2 Knoblauchzehen
- 1 Zweig Thymian
- 1 Lorbeerblatt

- 750 ml Rotwein (z.B. Burgunder)
- 2 Karotten
- 1 Stange Staudensellerie
- 1 Stange Lauch
- 100 g durchwachsener Speck
- 140-150 g Butter

- Meersalz, Pfeffer
- 60 ml Cognac
- 250 ml Geflügelfond
- 2 Zweige Petersilie
- 200 g frische Champignons
- 1 EL Zucker
- 2 EL Mehl

PRÉPARATION:

01 Das Huhn zerlegen. Die Frühlingszwiebeln in grobe Stücke schneiden. Den Knoblauch schälen und andrücken.

02 Das Huhn abspülen, abtupfen und in eine große Schüssel geben. Nun die Zwiebeln und den Knoblauch um das Huhn verteilen.

03 Den Thymian und das Lorbeerblatt dazugeben und alles mit dem Rotwein bedecken.

04 Die Schüssel abdecken und am besten 12 Stunden im Kühlschrank marinieren.

05 Am nächsten Tag das Hühnerfleisch, die Zwiebeln und Kräuter durch ein Sieb abseihen und dabei die Flüssigkeit auffangen.

06 Das Huhn und alle anderen Zutaten abtropfen lassen.

12 Mit dem Cognac ablöschen. Den aufgefangenen Rotwein und so viel Geflügelfond aufgießen, bis das Huhn bedeckt ist.

13 Die aufgefangenen marinierten Frühlingszwiebeln und Kräuter ebenfalls in den Bräter geben und abgedeckt ca. 30 bis 40 Minuten köcheln lassen.

14 Das Fleisch und das Gemüse entfernen und warm stellen.

15 Das Fett abschöpfen und die Sauce für ca. 20 Minuten einköcheln lassen.

16 In der Zwischenzeit die Champignons in Butter anbraten und mit dem Zucker karamellisieren lassen.

17 Kräuter aus der Flüssigkeit fischen.

18 60 g Butter zusammen mit den 2 EL Mehl zu einer Mehlbutter verkneten und mit einem Schneebesen unter die Sauce geben. Noch mal kurz aufkochen lassen.

07 Die Karotten und den Sellerie putzen und in dickere längliche Stücke schneiden. Lauch in Scheiben schneiden.

08 Den Speck in grobe Würfel schneiden.

09 Das Huhn mit Küchenpapier trocken tupfen.

10 60 g Butter in einem Bräter erhitzen und das Hühnerfleisch anbraten. Den Speck und das Gemüse hinzugeben und ebenfalls anbraten.

11 Mit Salz und Pfeffer würzen.

19 Das Fleisch und das Gemüse zusammen mit den Champignons in die Sauce geben.

Hoffnungsthal

DIE BAGATELLE UND EIN AUSFLUG AUFS LAND

Hoffnungsthal gehört zu Rösrath und befindet sich am Fuße des Bergischen Landes. Ein sympathisches Dorf mit 5.000 Einwohnern und einem extrem vorbildlichen Trinkverhalten. Zumindest aus gastronomischer Sicht. Hier hat es uns von 2016 bis 2019 hinverschlagen. Das Lokal hat mittlerweile ein ehemaliger Mitarbeiter übernommen, der ehemals Geflüchtete Ashraf aus Bangladesch. Auch das eine schöne Geschichte, aber das sprengt hier jetzt leider den Rahmen.

Wir hatten eine unbändige Freude, das alte Fachwerkhaus zu renovieren und zu restaurieren. Auch der Schlag Mensch war sehr angenehm und hat uns trotz der ländlichen Idylle ein fast immer volles Haus beschert.

Sensationell waren auch die kurzen Wege, die einem unmöglich erscheinen, wenn man in Köln die gemächlich mahlenden Mühlen der Verwaltung kennt.

Bagatelle Hoffnungsthal

Wir haben dort zu Beginn beim Bauamt angerufen. Es ging tatsächlich direkt jemand ans Telefon und war nett. Wir schilderten die Problematik und er sagte: »Sind Sie gerade im Objekt, dann komme ich gerade mal rüber.« In Köln tut sich gerne einmal zwölf Monate lang nichts, dort kam er binnen drei Minuten mal eben rüber. Das hat uns nachhaltig beeindruckt.

Als ein Jahr später ein paar Nachbarn anfingen, wegen der Lautstärke zu klagen, und auch noch Recht bekamen, weil die Bagatelle in einem reinen Wohngebiet am Rande des Dorfes lag, wurde man dann richtig kreativ. Niemand wollte, dass die Bagatelle die Terrasse nicht oder nur eingeschränkt nutzen darf, Bürgermeister, Politik und Verwaltung waren sich da einig. Binnen kurzer Zeit tagte der Rösrather Stadtrat und vergrößerte mit überwältigender Mehrheit den Ortskern von Hoffnungsthal bis hinter die Bagatelle. Damit galten dann andere Lärmbestimmungen und wir konnten den Betrieb der Terrasse legal fortsetzen.

Weiterer kleiner Funfact am Rande: Der Bauer des Rösrather Dreigestirns von 2017 ist jetziger Ordnungsamtchef in Köln. Die Bagatelle war die Hofburg und mehr dürfen wir daher nicht schreiben.

Wir empfehlen einen Ausflug ins 20 km entfernte Hoffnungsthal. Es gibt ein wunderschönes Freibad, die Möglichkeiten schöner Spaziergänge und Wanderungen, einen klitzekleinen historischen Ortskern und der Besuch der ehemaligen Bagatelle lohnt ebenfalls. Heißt jetzt »Fachwerk« und hat mit Ash einen überragenden bengalisch-kölschen Wirt.

Karamellparfait

MIT SALZKARAMELLSAUCE

(FÜR 6 BIS 8 PORTIONEN)

MIS EN PLACE:

Salzkaramellsauce:
- 160 g Zucker
- 300 ml Sahne

- ½ TL Meersalz

Parfait:
- 1 Vanilleschote
- 400 ml Vollmilch

- 200 ml Sahne
- 6 Eigelb
- 80 g brauner Zucker

PRÉPARATION:

01 Zunächst eine Salzkaramell-sauce zubereiten: Hierfür 160 g Zucker und 2 EL Wasser in einem Topf vorsichtig zu einem Karamell kochen.

02 Den Topf vom Herd nehmen und 300 ml Sahne und Meer-salz dazugeben.

03 Den Topf zurück auf den Herd stellen und die Sauce unter Rühren leicht aufkochen lassen, bis sich der Karamell und das Salz in der Sahne aufgelöst haben. Den Topf vom Herd nehmen.

04 Für das Parfait zunächst die Vanilleschote auskratzen.

05 Nun die Milch und die Sahne zusammen mit dem Mark und der Schote der Vanille auf-kochen lassen und vom Herd nehmen.

06 Eigelbe zusammen mit dem Zucker in einer Schüssel schaumig aufschlagen.

07 Nun die heiße Milch-Sahne-Mischung langsam und vorsichtig in die Eigelb-Mischung geben.

08 Alles zusammen unter Rühren auf dem Herd bei niedriger Hitze so lange rühren, bis die Masse eindickt. Nicht kochen! Sonst gerinnt das Ei.

09 Die Masse vom Herd nehmen und die Hälfte der Salz-karamellsauce unterheben.

10 Das Parfait in eine mit Frisch-haltefolie ausgelegte Form (z.B. Kastenform) gießen und 4 bis 6 Stunden gefrieren lassen.

11 Mit dem Rest der Salz-karamellsauce anrichten.

Saiduls Mousse au chocolat

(6 BIS 8 PORTIONEN)

Es gibt viele, viele Ideen dazu, wie die perfekte Mousse au chocolat schmecken soll.
Eins steht für uns aber fest: Die leckerste macht seit Jahren unser Saidul in der Südstadt. Es ist furchtbar ordinär, aber unglaublich lecker. Den Espresso hierfür macht er immer und ohne Ausnahme selber. Da steckt sehr viel Liebe drin, so wie in unserem Saidul!

MIS EN PLACE:

- 230 g sehr gute dunkle Kuvertüre
- ein guter, kräftiger Espresso
- 2 cl guter Cognac
- 500 ml Sahne

PRÉPARATION:

01 Kuvertüre über einem Wasserbad zum Schmelzen bringen.

02 Espresso und Cognac unter die flüssige Schokolade geben.

03 Sahne steif schlagen.

04 Die Sahne langsam, nach und nach in die Schokolade geben. Nicht umgekehrt.

05 Alles vorsichtig und langsam verrühren, bis eine einheitliche Masse entstanden ist.

06 Mindestens 3 Stunden kühl stellen.

Tarte aux prunes

ZWETSCHGENTARTE MIT GERÖSTETEN MANDELN

(ERGIBT EINE TARTE)

MIS EN PLACE:

- ca. 20 Pflaumen
- 4-5 EL Zucker
- 1 EL Butter
- 1 Prise Zimt
- 1 Rolle Blätterteig/ alternativ einen Mürbteig zubereiten

PRÉPARATION:

01 Die gewaschenen Pflaumen halbieren und entsteinen.

02 In einem Topf den Zucker und die Butter erhitzen und etwas karamellisieren lassen. Die Masse sollte golden werden, aber nicht zu dunkel.

03 Zimt unter das Zucker-Butter-Gemisch geben und alles schnell in einer Tarteform verteilen.

04 Die Pflaumenhälften mit der Schnittseite nach unten auf den Boden der Tarteform setzen, so dass die Schnittflächen in die Butter-Zucker-Zimt-Mischung gedrückt werden.

05 Nun den Blätterteig vorsichtig auf die Obstschicht legen und die Ränder etwas einschlagen, sodass sich eine Krempe bildet.

06 Bei 180 Grad ca. 20 bis 25 Minuten backen.

07 Die Tarte aus dem Ofen nehmen und 5 Minuten abkühlen lassen, bevor sie mit Hilfe eines Tellers gestürzt werden kann.

Dazu passen geröstete Mandeln und ein Minz-Vanille-Schmand.

Crème brûlée

FRANZÖSISCHES DESSERT MIT KARAMELLKRUSTE

(4 BIS 6 PORTIONEN, JE NACH GRÖSSE DER SCHALEN)

MIS EN PLACE:

- 1-2 Vanilleschoten
- 80-100 g Zucker
- 300 ml Sahne
- 300 ml Vollmilch
- 6 Eigelb
- brauner Zucker

TIPP:

Am besten schmeckt die Creme, wenn sie Zimmertemperatur hat.

PRÉPARATION:

01 Vanillemark vorsichtig mit einem Messer aus der Schote kratzen.

02 Zucker zusammen mit dem Mark der Vanille, der ausgekratzten Schote, der Sahne und der Milch in einem Topf kurz aufkochen lassen. Vom Herd nehmen und so lange rühren, bis sich der Zucker komplett aufgelöst hat.

03 Masse auf Zimmertemperatur abkühlen lassen. Vanilleschote entfernen. Eigelbe dazugeben und alles mit dem Pürierstab gut durchmischen

04 Masse durch ein sehr feines Sieb gießen.

05 Die Masse auf 4 bis 6 kleine flache Schalen verteilen und auf ein tiefes Backblech stellen.

06 Das Blech in den auf 100 Grad vorgeheizten Backofen schieben. Vorsichtig etwa zwei Finger hoch Wasser in das Blech geben. Dabei darauf achten, dass kein Wasser in die Schälchen gelangt.

07 Ca. 30 Minuten stocken lassen. Die Creme sollte dabei nicht zu fest werden, sondern eine cremige Konsistenz bekommen.

08 Blech vorsichtig aus dem Ofen holen, Schälchen aus dem Wasser nehmen und auf Zimmertemperatur abkühlen lassen.

09 Vor dem Servieren mit dem braunen Zucker bestreuen und mit dem Bunsenbrenner karamellisieren, bis eine goldene, glatte Oberfläche entstanden ist.

Aioli

Grundrezept ...   ... mit Tomaten

MIS EN PLACE:

- 100 ml zimmerwarme H-Milch (3,5 % Fett)
- 3 Knoblauchzehen oder 2 EL Knoblauch-Püree (Rezept Seite 64)
- ½ TL Salz
- 100 ml neutrales Öl (z.B. Rapsöl)
- 100 ml Olivenöl
- Pfeffer
- 1 Prise Paprikapulver
- 1 Spritzer Zitronensaft (optional)

MIS EN PLACE:

- 2 EL Tomatenmark
- 5 getrocknete Tomaten in Öl
- ½ Bund Petersilie

PRÉPARATION:

01 Die H-Milch, den Knoblauch und Salz in einen hohen Mixbecher geben. Mit dem Pürierstab pürieren.

02 Die beiden Öle mischen und unter ständigem Mixen in sehr dünnem Strahl nach und nach zugießen, bis eine cremige Aioli entstanden ist.

03 Mit Salz, Pfeffer, Paprikapulver und Zitronensaft abschmecken.

PRÉPARATION:

04 Tomatenmark zusammen mit den getrockneten Tomaten und der Petersilie pürieren und unter die Grund-Aioli mixen.

... mit Limette und Rosmarin

MIS EN PLACE:

- Abrieb von drei unbehandelten Limetten
- 3 EL Limettensaft
- 2 Stiele frischer Rosmarin
- 1 EL Olivenöl

PRÉPARATION:

04 Limettenabrieb zusammen mit dem Saft der Limette unter die Grundaioli mixen.

05 Rosmarin sehr fein hacken.

06 Gehackten Rosmarin zusammen mit dem Olivenöl kurz in einer Pfanne erhitzen. Unter die Grund-Ailoi mixen.

Tomatensugo

TOMATEN-ROSMARIN-SAUCE

ALS BASIS FÜR VIELE SPEISEN

MIS EN PLACE:

- 4 kg vollreife Tomaten oder geschälte Tomaten aus der Dose
- 400 g Zwiebeln
- 8 Zweige Rosmarin
- 150 ml Olivenöl
- 4 Knoblauchzehen oder 3 EL Knoblauch-Püree
- 1 EL Zucker
- 2 TL Kräuter der Provence, getrocknet
- 200 g Tomatenmark
- Salz, Pfeffer
- Tabasco oder getrocknete Chilischote
- 1 Zitrone, unbehandelt

Die Tomatensauce kann reichlich vorbereitet auch gut als Basis in kleinen Portionen eingefroren und nach Bedarf aufgetaut werden.

PRÉPARATION:

01 Tomaten kreuzförmig anritzen. Einen Topf mit reichlich Wasser aufsetzen. Kurz aufkochen lassen und dann vom Herd nehmen.

02 Die angeritzten Tomaten in das heiße Wasser legen und 2 Minuten darin liegen lassen.

03 Die Tomaten einzeln aus dem Wasser nehmen und die Haut abziehen.

04 Gehäutete Tomaten in Würfel schneiden. Zwiebeln würfeln. Rosmarin sehr fein hacken.

05 Olivenöl in einen großen Topf geben und erhitzen.

06 Zwiebeln, Knoblauch, Rosmarin, Zucker und Kräuter der Provence in das Öl geben und kurz anrösten.

07 Die Tomatenwürfel oder alternativ die Tomaten aus der Dose sowie das Tomatenmark zu den gewürzten Zwiebeln in den Topf geben und alles gut umrühren.

08 Die Tomatensauce im offenen Topf eine gute Stunde bei mittlerer Hitze köcheln lassen und regelmässig umrühren.

09 Nach Belieben mit Salz, Pfeffer und Tabasco kräftig würzen.

10 Zum Schluss die Schale einer unbehandelten Zitrone in die Sauce reiben.

11 Je nach Bedarf kann die Sauce nun püriert werden. Wer es eher grob mag, kann die Sauce auch unpüriert direkt servieren.

Fotograf

KAY-UWE FISCHER

Kay-Uwe Fischer – dank Facebook von allen nur Krake genannt. Viele Konzerte und Festivals shootet er und dabei gelingen ihm atemberaubende Aufnahmen. Für die Bagatelle hat er in den letzten Jahren hin und wieder auf den Auslöser gedrückt. Ein Pfundskerl und Herzensmensch.

Danke, Kay!

Kay-Uwe Fischer

Fotograf

EDUARD BOPP

Eduard »Eddi« Bopp – der Anarchist unter den Fotografen. Er hat sie alle vor der Linse gehabt. Lindenberg, Zlatan oder Greenday. Seine Sportbilder sind legendär. Jede/r kennt seine Aufnahmen vom RheinEnergieSTADION und die vielen FC-Fotos für den Kölner Express. Er selbst ist seit seiner Kindheit Fan des FK Pirmasens, Kloppos Liverpool und der englischen Nationalmannschaft.

Danke, Eddi!

Eddi Bopp

Confit von roter Zwiebel

HERZHAFTE ROTE ZWIEBELMARMELADE

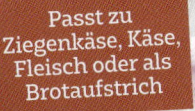

Passt zu Ziegenkäse, Käse, Fleisch oder als Brotaufstrich

MIS EN PLACE:

- 500 g rote Zwiebeln
- 4 EL Butter
- 4 Zweige frischer Thymian
- 1 Lorbeerblatt
- 2 Nelken
- 1 Prise Zimt
- 1 kleine getrocknete Chilischote
- Salz, Pfeffer
- 2-3 EL brauner Zucker (alternativ weißer Zucker)
- 1 EL Honig
- 50 ml roter Balsamico-Essig
- 50 ml Rotwein

PRÉPARATION:

01 Zwiebeln schälen und in feine Streifen schneiden.

02 Butter in einen Topf geben und die Zwiebeln darin glasig dünsten. Die Thymianblätter von den Stielen trennen und mit den anderen Gewürzen zu den Zwiebeln geben.

03 Nach etwa 20 Minuten die Zwiebeln an die Seite des Topfes schieben. In die freie Fläche in der Mitte den Zucker und den Honig geben und karamellisieren lassen.

04 Den Karamell in der Mitte des Topfes mit dem Essig und dem Wein ablöschen. Alles miteinander verbinden und weitere 20 Minuten bei kleiner Flamme einkochen lassen.

05 Es empfiehlt sich, das Confit kurz vor dem Servieren nochmals kurz zu erhitzen. So entsteht ein schöner Glanz und die Aromen entfalten sich besser.

Das Confit hält sich im Kühlschrank in einem luftdichten Gefäß mindestens eine Woche.

Tomaten-Pistou

Passt zu Lamm, Fisch, Salaten, Pasta oder als Brotaufstrich

MIS EN PLACE:

- 200 g getrocknete Tomaten in Öl (Rezept Seite 93)
- 100 g glatte Petersilie
- 2 Knoblauchzehen oder 2 EL Knoblauch-Püree
- 1 EL Salz
- 1 EL Pfeffer, gemahlen
- 2 EL gehackte Mandeln (optional)
- 2 EL Rosinen
- 100 ml Olivenöl
- 150 ml neutrales Öl (z.B. Rapsöl)

PRÉPARATION:

01 Getrocknete Tomaten, Petersilie, Knoblauch, Gewürze, Mandeln und Rosinen in ein hohes Gefäß geben und bei stetiger Zugabe der beiden Öle pürieren.

02 Man kann durch eine höhere Zugabe von Öl eine flüssigere Konsistenz erreichen, je nachdem, wofür man das Pistou verwenden möchte.

Das Pistou hält sich im Kühlschrank oder in einem luftdichten Gefäß einige Wochen.

03 Optional kann man auch etwas geriebenen Pecorino oder 2 bis 3 geschälte Tomaten untermixen.

Basilikum-Pistou

Passt zu Lamm, Fisch, Salaten, Suppen und Nudeln

MIS EN PLACE:

- 200 g frischer Basilikum
- 100 g glatte Petersilie
- 1 EL Salz
- 1 EL Pfeffer, gemahlen
- 2 Knoblauchzehen oder 2 EL Knoblauch-Püree
- 2 EL gehackte Mandeln (optional)
- 100 ml Olivenöl
- 150 ml neutrales Öl (z.B. Rapsöl)

PRÉPARATION :

01 Basilikum, Petersilie, Knoblauch, Gewürze und Mandeln in ein hohes Gefäß geben und bei stetiger Zugabe der beiden Öle pürieren.

02 Man kann durch eine höhere Zugabe von Öl eine flüssigere Konsistenz erreichen, je nachdem, wofür man das Pistou verwenden möchte.

Das Pistou hält sich im Kühlschrank oder in einem luftdichten Gefäß einige Wochen.

03 Optional kann man auch etwas geriebenen Pecorino oder 2 bis 3 geschälte Tomaten hinzugeben.

Getrocknete Tomaten in Thymian-Öl

MIS EN PLACE :

- 150 g getrocknete Tomaten
- 5 Stiele frischer Thymian
- 3 EL Weißweinessig
- 1 Lorbeerblatt
- 1 EL brauner Zucker
- 5 Knoblauchzehen oder 4 EL Knoblauch-Püree
- 250 ml Olivenöl
- 250 ml neutrales Öl (z.B. Rapsöl)

PRÉPARATION :

01 Die Tomaten eine Stunde lang in reichlich Wasser einweichen lassen.

02 Thymianblätter von den Stielen zupfen.

03 ¼ Liter Wasser zum Kochen bringen. Essig, Lorbeerblatt und Zucker hinzugeben.

04 Tomaten ausdrücken und zusammen mit der Hälfte der Thymianblätter in das Essigwasser geben. Topf vom Herd nehmen und die Tomaten in dem Essigwasser ziehen lassen.

05 Knoblauch-Püree und Öle mischen. Restliche Thymianblätter dazugeben.

06 Tomaten abgießen und in das Knoblauchöl geben.

Sollten alle Tomaten verbraucht sein, das Öl nicht wegschütten. Es eignet sich sehr gut als Basis für Salatdressings oder als Grundlage für Pasta, beispielsweise mit gebratenen Gambas.

Oliven in Kräuter-Zitronen-Öl

Oliven-Tapenade

MIS EN PLACE:

- 3 unbehandelte Zitronen
- 200 ml Olivenöl

- frische Kräuter nach Geschmack (Basilikum, Thymian, Minze, Petersilie, Sauerampfer)
- 1 kg grüne Oliven

PRÉPARATION:

01 Zitronen waschen und abtrocknen.

02 Mit einem Sparschäler oder Zestenreißer die Schale der Zitronen lösen. Es darf nichts von der inneren weißen Schale abgenommen werden, da diese zu viele Bitterstoffe enthält.

03 Die Zitronenschale unter das Öl mischen.

04 Den Saft der Zitronen auspressen und zu dem Öl geben.

05 Kräuter fein hacken und unter das Öl geben.

06 Oliven unter das Zitronenöl geben und am besten zwei Tage lang darin marinieren, damit ein intensiver Geschmack entsteht.

MIS EN PLACE:

- 4 Stiele Thymian
- 150 g schwarze Oliven ohne Stein
- 5 g getrocknete Tomaten in Öl (Rezept Seite 93)
- 1 EL Knoblauch-Püree
- 4 Stiele glatte Petersilie
- 3 EL neutrales Öl
- 3 EL Olivenöl
- Salz, Pfeffer

PRÉPARATION:

01 Thymianblätter von den Stielen zupfen.

02 Alle Zutaten zusammen in einem hohen Gefäß zu einer cremigen Masse pürieren.

Sauce rouille

SAFRAN-MAYONNAISE

(4 BIS 6 PORTIONEN)

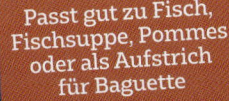

Passt gut zu Fisch, Fischsuppe, Pommes oder als Aufstrich für Baguette

MIS EN PLACE:

- 150 g mehlig kochende Kartoffeln
- ½ TL Safranfäden
- 150 ml neutrales Öl
- 1 Ei

- ½ EL mittelscharfer Senf
- Salz, Pfeffer
- 1 Messerspitze Cayennepfeffer
- 1 unbehandelte Orange

PRÉPARATION:

01 Kartoffeln schälen und in feine Würfel schneiden. In Salzwasser ca. 20 Minuten garen. In einem Sieb abgießen und gut abtropfen lassen.

02 Kartoffelwürfel durch eine Kartoffelpresse in eine Schüssel drücken. Alternativ kann man die Kartoffeln auch fein mit dem Pürierstab mixen.

03 Safran zwischen den Fingern in 5 EL lauwarmem Wasser zerreiben.

04 Für die Mayonnaise Öl, Ei und Senf (die Zutaten müssen zimmerwarm sein!) in einem hohen Gefäß mit dem Pürierstab mixen, bis sich die Masse dicklich verbunden hat.

05 Die Mayonnaise und die Kartoffelmasse verrühren.

06 Mit Salz, Pfeffer und Cayennepfeffer abschmecken.

07 Zesten von der Orange abreiben und zusammen mit 2 EL des Saftes aus der Orange unter die Masse geben.

Wir betreiben die Bagatelle und haben dieses Buch gemeinsam geschrieben.
Die Idee hatten wir schon vor drei Jahren, haben aber den Aufwand ein wenig unterschätzt.
Die Fertigstellung hakte dann im Corona-Lockdown dank unserer drei Kinder auch ein wenig,
weshalb sich der Erscheinungstermin verspätete.
Es hat uns aber größte Freude bereitet und wir hoffen, dass euch das Kochbuch auch gefällt.

Reja & Daniel